Guide des oiseaux

saison par saison

Guide des oiseaux

saison par saison

André Dion

Photographies de Michel Sokolyk

LES ÉDITIONS DE L'HOMME

Coordination du projet: Rachel Fontaine
Collaboration à la rédaction: Mary McCowan et
    Denis Poulet
Conception de la maquette intérieure et mise en pages:
    Josée Amyotte
Photographies: Michel Sokolyk
Traitement des images: Mélanie Sabourin
Illustrations: Michel Marseille

Données de catalogage avant publication (Canada)

Guide des oiseaux saison par saison

Comprend un index.

1. Oiseaux - Amérique du Nord.   2. Oiseaux -
Observation - Amérique du Nord.   I. Sokolyk,
Michel.   II. Titre.

QL681.D56   1995   598'.072347   C95-940373-6

DISTRIBUTEURS EXCLUSIFS:

* Pour le Canada et les États-Unis:
  LES MESSAGERIES ADP*
  955, rue Amherst, Montréal H2L 3K4
  Tél.: (514) 523-1182
  Télécopieur: (514) 939-0406
  * Filiale de Sogides ltée

* Pour la Belgique et le Luxembourg:
  PRESSES DE BELGIQUE S.A.
  Boulevard de l'Europe 117
  B-1301 Wavre
  Tél.: (10) 41-59-66
         (10) 41-78-50
  Télécopieur: (10) 41-20-24

* Pour la Suisse:
  TRANSAT S.A.
  Route des Jeunes, 4 Ter
  C.P. 125
  1211 Genève 26
  Tél.: (41-22) 342-77-40
  Télécopieur: (41-22) 343-46-46

* Pour la France et les autres pays:
  INTER FORUM
  Immeuble Paryseine, 3 Allée de la Seine,
  94854 Ivry Cedex
  Tél.: (1) 49-59-11-89/91
  Télécopieur: (1) 49-59-11-96
  Commandes: Tél.: (16) 38-32-71-00
            Télécopieur: (16) 38-32-71-28

Dépôt légal: 1er trimestre 1995
Bibliothèque nationale du Québec

ISBN 2-7619-1220-9

À France qui, pendant vingt-cinq ans,
s'est évertuée à me faire croire en moi.

Les pays des oiseaux

Plus j'avance en âge, plus j'ai l'impression d'habiter plusieurs pays. La nature change tellement d'une saison à l'autre que tout l'environnement s'en trouve transformé: le climat, la faune, la flore, même les gens. Je suis l'indéfectible ami des oiseaux depuis ma plus tendre enfance et, au fil des années, eux aussi ont fortement contribué à me donner l'impression que je vivais dans plusieurs pays. Eux qui ne connaissent pas de frontières, qui vont et viennent au gré de leurs besoins, qui sont bien davantage citoyens du monde que les plus nomades de nos globe-trotters, comptent pour une bonne part dans les particularités de chacune de nos saisons.

Quatre saisons, quatre pays? C'est une vision commode. Mais les saisons se chevauchent dans nos contrées et n'obéissent pas forcément aux règles de ceux qui ont conçu le calendrier. De même les oiseaux ne sauraient être enfermés dans des catégories aussi limitées que quatre saisons. Il n'y a pas d'espèces saisonnières, car les oiseaux, comme nous, vivent toute l'année. S'ils ne sont pas ici, c'est qu'ils sont ailleurs, aurait dit La Palice. L'oiseau estival d'ici est l'oiseau hivernal de quelque contrée lointaine dans le sud, l'oiseau hivernal d'ici a souvent laissé son habitat estival du nord. De toute évidence, les espèces sédentaires ne sauraient être rattachées à l'une ou l'autre saison.

Amis, je suis cette hirondelle
Qui s'est attachée à vos toits;
Voyez, je voltige, j'ai l'aile;
Mais, hélas, je n'ai pas la
voix.

Alfred Garneau,
À mes amis, 1905

9

Guide des oiseaux

Et l'oiseau qui venait l'an dernier se nourrir à la mangeoire, s'abreuver à la fontaine de notre jardin, et qui ne vient plus maintenant, où est-il? Ailleurs lui aussi! Il a peut-être changé d'habitat, il faut aller plus loin dans la forêt, dans les marais ou sur l'eau pour le retrouver. Serait-il disparu à jamais?

Chaque saison apporte néanmoins sa ribambelle d'oiseaux variés et jamais mon plaisir ne s'est démenti aux changements de saison. Le printemps marque le retour des migrateurs qui s'étaient envolés vers le sud à l'automne et le départ des oiseaux nordiques qui regagnent leur taïga. L'été est la saison des nicheurs: les femelles — quelquefois les mâles — couvent, les petits naissent et apprennent à voler. L'automne revoit le branle-bas de combat des voyageurs en partance pour des latitudes plus clémentes. Et l'hiver accueille les nomades du nord, qui doivent partager les maigres ressources disponibles avec les plus costauds des sédentaires, capables de survivre à tous les climats.

En chaque saison, il y a les oiseaux qu'on peut attirer chez soi et ceux qu'on ne peut aller observer que dans leur habitat naturel. Car si les oiseaux se caractérisent par leur va-et-vient incessant, l'amant des oiseaux doit également se déplacer pour faire un tour d'horizon plus complet de la faune ailée qui peuple son environnement.

Le monde des oiseaux est un univers de changement, difficilement prévisible, en dépit de tout ce qu'on a pu dire ou écrire, particulièrement sur les migrateurs. Le changement est certes saisonnier, mais c'est aussi un changement au fil des années. Au cours de plus de soixante années d'observation des oiseaux, j'ai pu constater une importante évolution, pas toujours réjouissante.

Comme bien des ornithologues, j'ai déploré la disparition ou la quasi-disparition de certaines espèces: l'engoulevent d'Amérique, ce «mange-maringouins» qui autrefois peuplait les toits de Montréal; l'engoulevent criard, qui colonisait tous les caps de rocher déserts à l'est du Canada en lançant ses «bois-pourri»; la pie-grièche grise, qui nichait dans les cenelliers envahisseurs des terres en friche; le pioui de l'Est, qui occupait chaque futaie; la guifette noire, qui se faisait omniprésente dans les marais d'eau douce de quelque importance; l'oriole du Nord et le viréo aux yeux rouges, qui nichaient dans les ormes alors abondants le long de nos chemins de campagne.

Tantôt c'est toute l'espèce qui est menacée, tantôt c'est tel ou tel oiseau qui a décidé de changer d'habitat et qui ne vient plus là où nous l'attendions. La «loi de la jungle» est toujours en vigueur dans le monde des oiseaux: la concurrence est féroce et, ainsi le veut l'évolution naturelle, les plus faibles sont éliminés. Ceux que j'appelle les parasites comptent pour beaucoup dans les changements de distribution des populations survenus au cours du siècle actuel. Et si les oiseaux prédateurs ont pu clairsemer les rangs de quelques espèces granivores ou insectivores, le prédateur par excellence sur cette planète a contribué plus que tout autre facteur à modifier le paysage coloré et sonore que nous offrent les oiseaux.

Est-ce l'avril? Sur la colline
Rossignole une voix câline
De l'aube au soir.
Est-ce le chant de la linotte?
Est-ce une flûte? Est-ce la note
Du merle noir?

Nérée Beauchemin,
Avril boréal, 1928

11

Guide des oiseaux

Je ne suis pas de ceux qui montent aux barricades pour accabler l'humain de tous les maux qui affligent la nature. Toutes mes expériences avec les oiseaux m'ont démontré que nous pouvions faire bon ménage. Et s'il est indéniable que nous avons favorisé le déclin de plusieurs espèces par la chasse et la transformation des habitats naturels, que nous en avons refoulé d'autres vers des milieux lointains où elles ont dû s'adapter, il est indubitable que nous avons offert aux oiseaux de nouvelles ressources et de nouveaux habitats. Des oiseaux naguère migrateurs restent dorénavant parmi nous; certaines espèces autrefois rares dans nos régions se sont mises à proliférer et font maintenant partie du paysage familier, comme le cardinal rouge, la tourterelle triste, l'urubu à tête rouge, l'étourneau sansonnet, le moineau domestique, le pigeon biset et diverses espèces de goélands.

Les autorités publiques ont pris des mesures et des initiatives, pas toujours heureuses j'en conviens, pour enrayer le déclin d'espèces particulièrement en péril et pour favoriser la renaissance des populations. Il y a même tout un mouvement mondial qui va en ce sens. Durant ma jeunesse, personne ne fabriquait de nichoir ou n'installait de poste d'alimentation pour les oiseaux; et bien peu de commerces offraient des accessoires ou des aliments pour les loger ou les nourrir. Il n'y avait pas beaucoup de clubs d'ornithologie. Tout cela a bien changé. Il y a quelques années, j'ai entrepris une campagne populaire pour le retour du merle-bleu; non seulement les appuis à cette entreprise ont-ils été nombreux et fort diversifiés, mais ils ont réellement été efficaces: le merle-bleu est revenu dans notre décor.

Autre signe des temps, témoignant des changements dans le monde des oiseaux, les noms ont évolué. Combien ai-je vu d'espèces changer de nom au cours des années, jusqu'à l'uniformisation de la terminologie française effectuée en 1994! Comme je suis un vulgarisateur, je suis resté attaché à certains noms vernaculaires ou à des appellations qui évoquent mieux certaines caractéristiques. Mais ce ne sont là que détails de nomenclature. Je comprends certes le bien-fondé d'une certaine

Ne tuez pas le goéland
Qui plane sur le flot hurlant
Ou qui l'effleure,
Car c'est l'âme d'un matelot
Qui plane au-dessus d'un
    tombeau
Et pleure... pleure!

Lucien Boyer, *Les Goélands*
(chanson), 1905

uniformisation et suis heureux qu'un même oiseau puisse être identifié de façon identique des deux côtés de l'Atlantique, mais je ne crois pas qu'il faille tout à fait renoncer à ces noms du terroir qui, parfois, font référence à des légendes, à des croyances ou à des images poétiques remarquables. Les noms utilisés dans ce guide proviennent de la nomenclature des oiseaux de l'Amérique du Nord des Musées nationaux du Canada.

À propos de ce livre

Au fil des saisons et des années, les oiseaux ne sont jamais tout à fait pareils, mais demeurent les mêmes. C'est un peu le paradoxe de cet ouvrage, qui présente divers oiseaux saison par saison. En fait, ce guide est une promenade aux pays des oiseaux d'ici, visiteurs ou sédentaires. Pour chaque saison, on trouve deux parties:

- une partie descriptive regroupe les oiseaux par habitat naturel (la forêt, les marais, la mer, la ville) ou par certaines similitudes (la famille des hiboux par exemple); chaque espèce fait l'objet d'une brève description et de quelques commentaires personnels;

- la seconde partie, intitulée «Attirer les oiseaux chez soi», est une synthèse des ouvrages que j'ai consacrés aux moyens d'en attirer le plus possible; on y trouve des conseils, des suggestions et des observations sur leur hébergement et leur alimentation.

Ce guide est une promenade visuelle, ce qui en fait un «beau livre» destiné autant au plaisir des yeux qu'à la joie d'apprendre des amants des oiseaux. Je rends ici hommage à mon ami Michel Sokolyk, dont l'œil photographique a su capter de si magnifiques images; et non seulement Michel s'est-il avéré un photographe hors pair, mais il a aussi été un précieux collaborateur, soucieux du moindre détail, pour les textes descriptifs des différentes espèces.

La sélection pour chacune des saisons n'a pas été facile. Comme je l'écrivais plus haut, aucune espèce ne saurait être confinée à une seule saison. Divers facteurs ont présidé à cette

sélection, notamment l'abondance en une période de l'année plutôt qu'en une autre, les activités caractéristiques lors d'une saison donnée, la possibilité d'observer telle ou telle espèce selon l'époque… Il fallait aussi trouver un certain équilibre, c'est-à-dire répartir la faune ailée en quatre parties. Bien entendu, il devait y avoir moins d'espèces en hiver qu'en été; la nature a quand même ses exigences!

Ce guide n'a pas la prétention d'être exhaustif. À l'encontre des ouvrages scientifiques et de nombreux guides d'identification sur le terrain, il se limite aux espèces les plus aisément identifiables et les plus communément rencontrées à l'est du 100e méridien. Ce n'est pas un guide pour ornithologues chevronnés, même si plus de 160 espèces s'y trouvent répertoriées. C'est plutôt une invitation au voyage dans les saisons des oiseaux, qui inclut suffisamment de données pour apprendre à connaître, à reconnaître et à aimer les oiseaux, autant ceux qu'on peut attirer chez soi que ceux qu'on découvre au hasard de promenades dans la nature.

Je conseille aux ornithophiles en herbe de noter, chaque fois que c'est possible, la couleur du bec, des pattes, des plumes du croupion, du dessus ou du dessous des ailes ou de la queue; de remarquer si l'oiseau arbore un cercle autour des yeux ou des stries sur l'aile. La forme du bec est importante, mais aussi le chant ou ce qui en tient lieu.

En ce qui concerne la partie pratique portant sur les jardins, mangeoires, nichoirs, abreuvoirs et autres accessoires, je conseille d'en faire soi-même le plus possible, c'est-à-dire de planter et d'entretenir arbres et arbustes, de fabriquer ces postes d'alimentation ou ces dortoirs[1] qui accueilleront de nouveaux amis. Les boutiques spécialisées et les grands magasins regorgent de gadgets destinés aux oiseaux, mais quand on met soi-même la main à la pâte, on cultive davantage l'intérêt et la passion. Puissiez-vous développer ainsi l'amour de la gent ailée qui me comble depuis tant d'années!

---

1. Refuges où les oiseaux viennent passer la nuit.

Le printemps

Retour de migration

Balade dans la nature

Dans les marais

Attirer les oiseaux chez soi

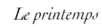

Au nord-est de l'Amérique du Nord, le printemps arrive rarement à l'équinoxe. Il y a quelques années, un 21 mars, j'aperçus un couple d'hirondelles bicolores dans l'une de nos maisonnettes. Le lendemain, l'hiver reprenait ses droits, faisant disparaître les signes prometteurs du changement de saison: le froid et la neige menaçaient, semant l'inquiétude et le désarroi chez les nouveaux arrivants. Dans les nichoirs, une bicolore est morte et quelques merles-bleus se sont entassés pour résister au froid. Ils survivront car, après des jours interminables de neige mouillante, de poudrerie, de vent glacial, le temps s'adoucit, le soleil se fait plus insistant, on a toutes les raisons de croire que cette fois, ça y est.

Bien que les oiseaux affrontent avec peine ces soubresauts inattendus de l'hiver à la fin de mars ou en plein mois d'avril, le printemps est une période passionnante au cours de laquelle foisonne une très grande diversité d'espèces. Les caprices du temps n'empêchent pas les corneilles de crailler bruyamment, les alouettes cornues de traverser nos régions en volant vers leur aire de nidification, et les hordes d'oiseaux noirs d'assiéger nos habitats. Goglus, sturnelles, piouis et viréos se font attendre, mais les kildirs sont au rendez-vous, accompagnant les merles d'Amérique. Et l'un des grands spectacles de la nature se prépare: le retour des oies blanches.

Les *visiteurs hivernants* sont toujours là: le bruant hudsonien, le sizerin, le dur-bec des pins, le bec-croisé; aucune de ces espèces ne nichera dans nos parages. Il y a également peu de chances que les *nicheurs résidants*, geai bleu, gros-bec errant, mésange, pic chevelu, roselin familier et tourterelle triste, élèvent leurs petits à proximité de nos résidences; occasionnellement la mésange consentira à se reproduire dans une des maisonnettes de votre arrière-cour et le pic chevelu élira domicile dans un vieil arbre vermoulu au fond de votre jardin.

Les *nicheurs sédentaires* vous accorderont peut-être l'insigne faveur d'adopter votre décor. Peut-être les multiples conifères qui ornent votre propriété offriront-ils un refuge de premier choix au cardinal rouge! Peut-être un pic mineur trouvera-t-il l'asile de ses rêves dans cette grosse branche bien horizontale d'un vieil arbre! Peut-être une sittelle jugera-t-elle le milieu suffisamment paisible et abrité pour y élever sa progéniture!

Encore plus surpris serez-vous sans doute si un oiseau *nicheur migrateur* adopte votre habitat! Le merle d'Amérique s'approprie parfois des coins fort inusités, mais quel risque pour les œufs! Un spécimen de cette espèce s'est déjà réfugié, chez mon petit-fils, au-dessus de la plaque qui indique l'adresse de la maison; ce sont les écureuils qui se sont régalés des œufs. Un carouge à épaulettes avait pour sa part emménagé dans un chèvrefeuille; mais il était d'une agressivité sans borne, se montrant très menaçant envers les enfants qui voulaient l'observer. Il vaut mieux donner asile au bruant chanteur, qui vous garantira un été en musique. Le chardonneret jaune, le cardinal à poitrine rose, le jaseur des cèdres sont d'autres espèces qui seront peut-être tentées d'installer leurs pénates chez vous. Exceptionnellement, un colibri nichera aux environs s'il y a des fleurs en abondance.

Pour moi qui ai consacré ma vie aux oiseaux, le printemps apporte beaucoup d'espoir, mais aussi une grande appréhension.

J'ai connu tant de désillusions: mon pioui qui n'est plus revenu dans ma futaie, mon viréo mélodieux qui a déserté mon orme, mon oriole orangé qui ne vient plus faire onduler son nid à la fine extrémité des branches. Mon cardinal à poitrine rose a pris congé définitivement, mon pic flamboyant a renoncé à cette terre inhospitalière où les ratons laveurs viennent se gaver de ses œufs. Heureusement, aux dernières nouvelles, mes bicolores et mes hirondelles noires étaient toujours au rendez-vous, tout comme mon bruant chanteur, qui a chanté tout l'été…

Retour de migration

Pour nos ancêtres, la venue de l'hirondelle des granges et la tempête des corneilles annonçaient l'arrivée du printemps. Puis les ornithologues ont découvert que plusieurs oiseaux se manifestaient avant ces deux espèces. Il faut dire que la multiplication des mangeoires autour des habitations les a forcés à revoir leurs données. On peut cependant affirmer que les premières espèces à faire leur apparition au printemps sont le pluvier kildir, le merlebleu, le merle d'Amérique et l'alouette cornue.

Alouette cornue

À la fin de février ou au début de mars, dès que le soleil revigorant s'attaque à la neige des fossés, l'alouette cornue est de retour. On peut l'apercevoir au bord des routes de campagne, dans les champs qui se dégagent de leur enveloppe de neige, sur les pistes d'atterrissage des petits aéroports, enfin partout où l'herbe est éparse et rase. On la voit courant nerveusement à la recherche de sa nourriture ou, plus souvent, au sein d'une bande de congénères au vol ondulant.

Il n'est pas difficile de la reconnaître: elle est la seule à manger avec autant d'appétit à cette période de l'année. Si un doute subsiste, les caractéristiques de son plumage vous permettront de l'identifier: c'est un oiseau blanc au dos brunâtre, avec un plastron noir et un croissant de lune noir sur la joue, et, sur la tête, de petites aigrettes noires.

Chez nous, le passage de l'alouette cornue est bref: il ne dure que «ce que dure le parfum des roses, l'espace d'un matin».

Cardinal rouge

Par un de ces matins où le soleil se fait plus effronté, malgré l'hiver encore présent, un chant jusqu'à présent inconnu à notre latitude retentit dans les hautes branches. Les premiers jours, l'oiseau n'insiste pas, mais pour peu que le temps se réchauffe, il se fait champion du gazouillement. Tous ceux qui ont l'oreille musicale s'arrêtent maintenant autour de ma maison pour écouter la déclaration d'amour de cet oiseau du soleil, bien caché dans une haie de conifères. Les printemps ne sont plus jamais les mêmes au nord de l'Amérique pour ceux qui savent l'écouter.

Carouge à épaulettes

Le soleil d'avril s'active et déjà les moustiques bourdonnent. Les quenouilles sont à mi-hauteur et des plaques de neige et de glace se cramponnent encore un peu partout. C'est à ce moment que le carouge à épaulettes s'amène et que le mâle s'installe. Ce «petit caporal» n'affiche qu'une seule bande à l'épaule, rouge lisérée de jaunâtre, et encore elle n'est pas toujours facile à voir.

Sitôt arrivé, le carouge établit son territoire et charge tous ceux qui font mine d'en ignorer les frontières. Les empoignes sont rares mais les poursuites fréquentes.

Le soleil se fait plus pressant quand apparaît la femelle. Elle aussi va batailler ferme pour devenir la favorite. La gagnante ne sera toutefois pas seule car le carouge à épaulettes a tout un harem à son service.

Une fois les amours consommées, les nids poussent comme des champignons dans les arbustes, garnis de petites branches et de quenouilles. Bientôt, vous verrez une petite boule grise fraîchement sortie du nid se tenant au garde-à-vous, posée sur une branchette, juste à l'endroit où celle-ci rejoint le tronc. C'est une façon bien personnelle de se croire en sécurité.

25

Corneille

On l'appelle la sorcière noire car elle pille les nids de merles et de quiscales à la recherche d'œufs et d'oisillons. Pourtant, elle agit ainsi pour accomplir ses devoirs parentaux. Les corneilles sont bien incomprises. On dit souvent que l'hirondelle est la messagère du printemps, mais la corneille la précède toujours.

Peut-être qu'un peu de recherche la ferait mieux connaître au public! L'organisation sociale des fourmis et des abeilles n'a plus de secret pour les chercheurs, pourtant celle des corneilles est tout aussi intéressante. Qu'une corneille découvre une source de nourriture et voilà qu'elle y invite toutes ses compagnes! Un danger se présente et les messagères lancent aussitôt un appel aux quatre coins de l'horizon. La vie en groupe ne les effraie pas; on raconte que certains dortoirs américains peuvent abriter des millions de corneilles.

À les entendre crailler bruyamment, on dirait qu'elles veulent nous transmettre ce message: «Nous devons vous remercier pour notre prolifération exemplaire. En déboisant, vous avez agrandi nos territoires de chasse et mis à notre portée encore plus de nids autrefois bien cachés. Mais ce n'est pas vous qui allez nous reprocher notre surpopulation, n'est-ce pas?»

Goglu

Henry David Thoreau a écrit, en parlant du goglu: «Il nous revient fidèlement, année après année, tel un météore sonore traversant l'air d'un pré en laissant un train de notes clinquantes derrière lui.» Lorsque j'étais plus jeune, j'attendais le goglu comme on attend le printemps, impatient, ne croyant plus à son retour. Je me demandais s'il reviendrait un jour. J'étais inquiet car les livres scientifiques de l'époque nous disaient qu'au sud, le goglu était considéré comme un fléau; on le tuait pour le vendre comme aliment.

Le petit futé se moquait bien de nos craintes à son retour d'Argentine. Il était d'ailleurs impossible de suivre la femelle des yeux car elle préférait se laisser choir dans les herbes avant d'avancer jusqu'au nid. Rares étaient ceux qui réussissaient à la surprendre chez elle. Mes amis et moi avions imaginé un stratagème pour la forcer à se manifester à l'improviste. À deux, de chaque côté du champ, nous traînions par terre une longue corde à laquelle étaient attachées des guenilles. Même alors, il était impossible d'admirer ses œufs; bien protégés, ceux-ci reposaient au creux d'une coupe tapissée d'herbes laissées par le sabot d'un cheval au temps des labours.

De nos jours, on entend peu le goglu. Les nuées de goélands que l'on voit dans les champs au temps des foins ne sont pas là pour le spectacle mais bien pour avaler gloutonnement les jeunes goglus venus tenter leur premier envol.

Hirondelle bicolore

Alors que le nombre des hirondelles des granges n'a fait que diminuer depuis plusieurs années, la population des hirondelles bicolores a curieusement augmenté. C'est grâce à leur formidable capacité d'adaptation que les bicolores ont su passer à travers les années.

Leur entêtement est notoire; même en temps de disette extrême, les bicolores, qui sont insectivores, ne se présenteront pas aux mangeoires, bien que celles-ci soient de plus en plus nombreuses. Par contre, l'hirondelle bicolore est prête à accepter comme nichoir n'importe quelle cavité. Elle adopte fréquemment l'arbre mort creusé par un pic mineur à la saison précédente sur le terrain inondé par la digue d'un castor.

En ville, les moineaux domestiques lui font une forte concurrence. Il convient alors d'user de finesse pour lui procurer un nichoir adapté à ses besoins. Bien pourvue, l'hirondelle bicolore prospère allégrement.

Merle d'Amérique

Dans *La vie au grand air*, une revue sur la nature à laquelle je collaborais quand j'étais étudiant, j'écrivais: «Dans la gloire des couchants versicolores, les mâles, les premiers arrivés, partagent leur concert avec ces imitateurs imperturbables: les sansonnets.» Les merles le font d'ailleurs toujours. Tous les printemps, j'attends anxieusement ces soirs glorieux où ils triomphent, leurs chants envahissant l'environnement.

Puis les œufs écloront à l'aube et viendront les inquié-
tudes que procurent les petits. Les soucis sont nombreux: les
oisillons qui quittent le nid trop tôt, les raids des
corneilles qui recherchent des œufs pour
nourrir leurs propres petits, les ratons
laveurs, les écureuils, les chats errants…

Aux heures tranquilles, on les verra
arpenter les pelouses à la recherche de
vers de terre. Il faudra les surveiller
quand, prêtant l'oreille, ils pen-
cheront la tête pour détecter les
mouvements de leurs proies.

Les merles d'Amérique sont
parmi les rares oiseaux à avoir réussi
à garder à distance les vachers à tête
brune. Leur inspireraient-ils une
crainte salutaire? Il faudra bien qu'un
jour ils nous dévoilent leur secret!

31

Merle-bleu de l'Est

L'oiseau bleu était chez lui dans la campagne environnante de mon enfance. Où que j'aille, nul besoin de le chercher, il était là dans les jardins, les vergers, auprès des fermes familiales. Les remises, les vieux hangars, les clôtures de cèdre et les vieux pommiers, tout pouvait servir à l'accueillir.

À l'âge de soixante ans, j'ai constaté avec effroi que toutes les aires de nidification du merle-bleu avaient disparu en même temps que lui. Je me suis alors juré de le ramener. J'ai commencé ma première piste de nichoirs en les espaçant de 100 mètres (300 pieds) dans la campagne où j'habite. Dès la première année, en fin de saison, un couple s'est manifesté et j'ai cru la partie gagnée. L'année suivante, il n'est pas revenu et j'ai compris que je n'y arriverais jamais seul.

Pour sauver le merle-bleu, de nombreux projets ont vu le jour: livres, regroupements, pressions populaires, etc. De l'Abitibi à la Gaspésie, du lac Saint-Jean aux frontières américaines, les pistes de merles-bleus ont foisonné au point qu'au Québec on peut dire que le merle-bleu est rescapé.

33

Pluvier kildir

Le kildir nous revient chaque année et son retour coïncide toujours avec l'équinoxe. Il arrive au moment où les champs commencent à peine à émerger de leur couverture de neige, avant même que nous ayons connu la fameuse tempête des corneilles. Le kildir est un brave: il a des réserves de graisse et, même si elles s'épuisent, il réussit tout de même à survivre.

Les territoires de nidification du pluvier kildir sont de moins en moins nombreux. Pourtant, ces oiseaux sont d'éternels optimistes et s'entêtent à nicher dans l'entourage immédiat de l'homme, parfois même au beau milieu d'un chemin de campagne.

On serait porté à croire que les rangs des pluviers kildirs se garnissent graduellement puisque les femelles donnent naissance à quatre petits par portée. Ce n'est malheureusement pas le cas. Les embûches sont nombreuses pour cet oiseau. Sitôt sortis de l'œuf, les oisillons sont à la merci des corneilles, des ratons laveurs et même des chats. Heureusement, le kildir est passé maître dans l'art du camouflage.

Quiscale bronzé

Si je vous raconte ce que je sais du quiscale bronzé, vous comprendrez que je n'ai pas une grande sympathie pour cet oiseau que l'on appelait jadis mainate. Pourtant, c'est un assez bel oiseau. Comme son nom l'indique, ses ailes ont des reflets bronzés, et ses yeux sont chatoyants. La tête du mâle dégage des teintes violacées.

Hélas! c'est un voleur! Combien de fois ai-je entendu l'histoire de nids de merleaux bleus attaqués par des quiscales bronzés? Ou celle de maisonnettes d'hirondelles bicolores victimes de raids de quiscales? Pour prévenir ces drames, il faut souvent recourir à des méthodes radicales: la seule façon de déloger le quiscale consiste à éliminer de l'environnement les arbres qu'il choisit pour nicher.

Je connais plusieurs personnes qui ont dû se résoudre à couper leurs belles haies d'épinettes de Norvège ou leurs rangées de peupliers de Lombardie, là où les nids de ces noirs oiseaux pullulaient. Parfois, il convient de revoir son plan d'aménagement paysager pour éliminer une espèce que l'on trouve indésirable. Par bonheur, les résultats sont souvent positifs.

Sturnelle des prés

Je me rappelle, comme si c'était hier, les matins brumeux où la sturnelle des prés oubliait un sifflement dans son chant magique et les soirs nostalgiques où elle en ajoutait un de plus. C'était ainsi que la sturnelle écourtait ou étirait son petit chant flûté, selon les humeurs du temps.

Je me souviens de l'extrémité de ces champs déserts où elle nous convoquait à ses concerts matinaux ou à ses fréquentes sérénades à la brunante. J'étais alors envahi d'une envie irrésistible de la voir de plus près, d'admirer sa poitrine lavée de citrouille et traversée de son croissant noir. Je n'y arrivais jamais; dès que je m'approchais, elle s'en allait planer dans le champ voisin, me tournant invariablement le dos. Je jurais qu'elle ne m'y reprendrait plus. Chaque fois pourtant, son chant m'émouvait.

Vacher à tête brune

Le vacher est pour moi le parasite par excellence. On raconte qu'autrefois, les vachers suivaient les troupeaux de bisons pour se nourrir des mouches et des autres insectes qui les torturaient. Il leur arrivait même de passer la nuit dans leur toison. Le temps est passé, les forêts ont été morcelées et les bisons ont disparu. On a ainsi encouragé le travail de destruction du vacher, qui peut ainsi repérer plus facilement les oiseaux nichant près du sol, à ciel ouvert.

Qui est ce parasite? Le mâle est rutilant de splendeur avec sa cagoule d'un brun chocolat coiffant son habit de gala noir. C'est un séducteur efficace: quelques courbettes lui suffisent et le tour est joué, il passe à

une autre conquête. La femelle n'a pas le beau rôle car elle est battue et évincée si on la surprend à déposer un de ses œufs dans le nid d'un autre couple.

On sait maintenant que le vacher ne fait jamais de nid, se contentant de déposer ses œufs dans le nid d'un autre oiseau. Quant aux petits, ils sont souvent choyés par leurs parents adoptifs. Les œufs du vacher sont généralement plus gros que les autres œufs dans le nid et ils reçoivent ainsi plus de chaleur de la couveuse. Aussi, ils écloront plus tôt que les autres et les oisillons seront mieux nourris. L'épiderme du bébé vacher est très sensible et il ne peut tolérer qu'on le touche; c'est pourquoi il jette hors du nid les autres oisillons. Le vacher déploie ainsi toutes sortes de tactiques pour éliminer très tôt ses concurrents!

Balade dans la nature

À mesure que nos villes se développent, que nos banlieues s'étendent, il faut aller de plus en plus loin pour observer les oiseaux dans leur habitat. Certes, le milieu urbain abrite sa faune ailée, souvent installée à demeure, parasite et sédentaire: moineaux, sansonnets, pigeons et goélands vivent le passage des saisons à notre manière, avec une sorte de fatalisme. Mais ces espèces ont confisqué tous les nichoirs à leur seul profit et tolèrent difficilement la concurrence de nouveaux venus; il faut s'éloigner de nos milieux populeux pour retrouver le plaisir de découvrir et d'observer ces centaines d'espèces revenues nicher dans nos contrées quand les beaux jours ont résolument repris le dessus.

Moucherolle phébi

Beaucoup plus que les caractéristiques assez ternes de son plumage, ce sont les attraits de son chant qui vous permettront de l'identifier. En effet, vous le reconnaîtrez facilement en l'entendant crier «fibi, fibi, fibi», tout en agitant nerveusement la queue.

Il niche sous les ponts ou sur les saillies découvertes des bâtiments abandonnés. Très tôt au printemps, il construira un nid, tapissé de lichens à l'extérieur, souvent tout près du nid de l'année précédente.

Moucherolle tchébec

Le plus petit des moucherolles est le tchébec. C'est son gagne-pain qui lui a donné le nom de moucherolle. En effet, comme tous ceux de son espèce, le tchébec passe sa journée au garde-à-vous, perché sur son poste d'observation préféré, ne le quittant et ne s'envolant que pour happer un insecte. Sa besogne accomplie, il retourne sagement à sa position de départ.

L'autre partie de son nom décrit son cri original: «tchébec, tchébec». Ce cri le distingue du moucherolle des aulnes et du moucherolle des saules. Nul besoin de dresser la liste des caractéristiques de cet oiseau somme toute assez quelconque alors qu'un seul «tchébec» bien sonore l'identifie immanquablement.

Parulines

On compte près de 50 variétés de parulines en Amérique du Nord, dont 27 au Québec. Souvent confondues avec les viréos, elles se distinguent par leurs becs exceptionnellement effilés. Chez toutes les espèces, le mâle est vêtu différemment de la femelle et, comme pour compliquer le travail des observateurs, tous deux changent généralement la couleur de leur plumage

durant la période de nidification et au moment de la migration automnale. Si vous tentez d'observer une paruline à l'aide de jumelles, vous n'aurez qu'une fraction de seconde pour admirer ses joues marron, les taches blanchâtres de ses ailes et son ventre jaune rayé de noir.

Quand arrive la saison des migrations, durant la journée, les parulines fréquentent les abords des petits ruisseaux bordés d'une dense végétation. Ces cours d'eau les conduisent souvent dans des forêts mixtes aux terrains humides. Là, pareilles à des éclairs, elles traversent le paysage, s'en donnant apparemment à cœur joie.

Plusieurs espèces voyagent en bandes. Pour assurer leur subsistance, elles volent la nuit. Il y a longtemps, au cours d'un séjour à l'île d'Anticosti, j'ai été témoin d'un spectacle navrant. En compagnie du fils du gardien du phare, j'ai découvert les cadavres de centaines de parulines qui, aveuglées par la lumière, étaient venues percuter contre le phare. Encore aujourd'hui, à Toronto, des équipes d'étudiants en sciences naturelles ramassent par dizaines des parulines venues s'écraser la nuit sur les gratte-ciel illuminés.

Plusieurs espèces ont cessé de nicher près des habitations des hommes, y compris la paruline jaune, la paruline masquée et la paruline flamboyante; lassées de voir le vacher parasiter leur nid, elles ont décidé de visiter d'autres lieux. Par contre, la paruline à croupion jaune, celle que l'on reconnaît facilement en raison de quatre taches jaunes bien visibles, continue de séjourner dans nos régions. Première arrivée au printemps, elle s'attarde chez nous parfois jusqu'aux premières neiges, à la recherche des fruits séchés que portent encore la vigne sauvage, le chèvrefeuille du Canada et le nerprun.

Paruline à couronne rousse. Toutes les teintes de son plumage sont disposées en douceur. Et qui dit subtilité dans le domaine de l'identification des oiseaux dit aussi difficulté. Contentez-vous de rechercher sa calotte rousse, marron ou couleur tabac.

Paruline à flancs marron. Coiffée d'un capuchon jaune, la paruline à flancs marron porte un tablier marron sur ses dessous immaculés. Rares sont ceux qui ont l'occasion de l'apercevoir. Vous aurez bien sûr plus de chance si vous possédez de bonnes jumelles et si votre vision est parfaite.

Paruline à gorge orangée. Si vous êtes chanceux, vous apercevrez une paruline à gorge orangée. Les petits sont vêtus de robes légèrement moins contrastées que celle de leur mère, mais tout aussi jolies, troquant le noir et l'orange pour l'olive et le jaune. Si vous êtes encore plus chanceux, vous verrez un mâle ou une femelle en plumage nuptial. Quand vous sortirez du bois, vous penserez que vous êtes le seul à avoir trouvé l'oiseau rare. Car la paruline à gorge orangée est un oiseau peu commun. De telles découvertes ne font-elles pas partie du plaisir de l'observation des oiseaux?

Paruline bleue à gorge noire. Impossible de se tromper, la paruline bleue à gorge noire porte bien son nom. C'est la seule paruline de couleur bleue à porter des favoris noirs sur sa robe, marques qui se prolongent élégamment jusqu'à ses flancs.

Paruline du Canada. Le mâle exhibe un collier de perles noires sur son habit citron. Son chant, composé d'une note longue, d'une pause et de trois notes brèves, dit son nom: «Je suis la paruline du Canada.»

Paruline flamboyante. Selon moi, la paruline flamboyante est la plus jolie de sa famille et on jurerait qu'elle le sait. C'est la seule à se poser en étalant les motifs noirs et orangés de son plumage pour le plus grand plaisir des observateurs. Ces motifs sont plutôt bruns et jaunes chez la femelle et les petits. La paruline flamboyante niche dans les boisés de grands buissons à feuilles caduques où se dressent, de-ci de-là, de plus grands arbres. Il y a peu de temps, on l'apercevait fréquemment. À présent, l'oiseau se fait de plus en plus rare.

Paruline jaune. J'ai déjà raconté comment la paruline jaune, pour échapper aux fréquentes invasions du vacher à tête brune, peut construire jusqu'à six nids superposés. Comme la paruline ne veut pas élever les petits du vacher, chaque fois que ce parasite dépose un œuf dans son nid, elle en rebâtit un par-dessus. Cette observation peut faire sourire, mais j'ai dans ma collection personnelle un nid de paruline où l'on peut compter trois nids superposés et quelques œufs de vacher emprisonnés entre les couches. Malheureusement, les vachers à tête brune sont maintenant légion et les parulines jaunes presque décimées. On pourra sans doute les entendre encore au printemps, mais on ne les reverra plus nicher près des habitations.

Paruline masquée. Si la paruline masquée a mieux survécu à l'invasion des vachers à tête brune, c'est qu'elle a eu la bonne idée de ne pas trop s'approcher des habitations des hommes en installant sa niche au marais, loin des vachers. Malheureusement, ce sont les hommes qui, en construisant des habitations près des plans d'eau, se sont approchés d'elle. La présence de ce petit oiseau caché derrière un masque ne saurait freiner le progrès.

Paruline verte à gorge noire. Comme sa cousine à gorge bleue, elle porte des favoris noirs qui se fondent dans le vert de ses flancs. Son chant est particulier: c'est un curieux zézaiement lancé sur cinq notes.

Pioui de l'Est

Mon préféré parmi les moucherolles, c'est le pioui. Il n'a pas son pareil pour meubler un territoire. Il fait habituellement son apparition trois semaines avant le solstice d'été, au moment où s'achève la migration des parulines. On ne le voit pas d'abord, on l'entend. Au début, les timides «piouis» sont espacés. Puis, à mesure que la chaleur s'installe, le chant se fait insistant. Du soir au matin, et même en plein midi, ses «piouis» retentissent dans les cimes des arbres. De temps à autre, il semble se reposer et escamote le «ou» pour ne faire entendre qu'un «pii» étouffé.

Vous le verrez peut-être visiter régulièrement dans un arbre une excroissance qui ressemble à un nœud tout recouvert de lichens sur une haute branche horizontale. Sortez vos jumelles, car vous y verrez sa compagne couvant de petites perles blanches tachetées de marron à leur grosse extrémité. La coupe de ce nid, composée presque exclusivement d'aiguilles de pin, est recouverte à l'extérieur de toiles d'araignées garnies de lichens que l'oiseau agglutine avec sa salive. Son habitat est donc des plus fragiles. Le terrible vent du Nord de la mi-été — l'aquilon — s'en prend souvent à cette construction délicate. On la retrouve alors au sol, emportée par le vent.

Pendant douze ans, le pioui a habité ma futaie et enjolivé mes étés. Depuis trois ans, il n'est pas revenu. Son souvenir me hante.

Tyran huppé

Des cinq moucherolles qui nous visitent, le tyran huppé est le plus élégant. Portant du roux cannelle sur les ailes et la queue, du jaune citron sur les flancs, il s'habille à meilleure enseigne que ses cousins. De même grosseur que le tyran tritri, il est cependant plus svelte. Il roule ses «r» et son chant ressemble à un sifflement rauque avec des notes gutturales accentuées sur la finale.

Essentiellement insectivore, il capture sans distinction tout ce qui bouge: papillons, libellules, mouches, guêpes ou abeilles. Par temps venteux, il se rabat au sol.

Il ne s'est malheureusement pas débarrassé de son habitude de faire son nid en cavité et comme il recherche pour nicher les lisières boisées près des lieux habités, il trouve de plus en plus difficilement d'endroit pour se reproduire. Bien souvent, les étourneaux sansonnets ont accaparé tous les endroits disponibles avant l'arrivée du tyran huppé à la migration printanière.

Lorsqu'on lui construit un nichoir, c'est encore le sansonnet qui investit l'endroit. Le tyran huppé se résout parfois à chercher refuge dans la maisonnette d'un merle-bleu, même si l'entrée de celle-ci est bien petite pour lui.

Tyran tritri

Le tyran tritri est sans doute le plus connu des moucherolles. Ardoisé sur le dessus et blanc en dessous, le tritri habite les pâturages, les bordures de ferme mais, pour nicher, il préfère les arbres dont les branches surplombent une rivière. Son nid reste à découvert.

Ce n'est pas un timide ni un fanfaron. Il ne se dérobe pas au regard; au contraire, il s'exhibe en conquérant. Il aime bien entraîner les corneilles ou tout autre oiseau de cette taille dans un match de boxe endiablé. Il n'a peur de rien et je ne l'ai jamais vu perdre une seule bataille. Même les écureuils doivent le redouter.

Quand il volette sur place en lançant son chant exubérant, c'est qu'il se sait chez lui.

Dans les marais

Les marais, milieux humides, constituent certainement l'un des endroits les plus riches pour l'observation des oiseaux. Il ne faut pas hésiter à prendre les moyens pour s'y rendre. Quand pointent les premières feuilles, quel plaisir, quelle sensation merveilleuse que de circuler en canot comme le faisaient les Amérindiens! Quand j'étais petit, la moindre randonnée le long d'une rivière faisait s'envoler des bandes de sarcelles et on pouvait apercevoir, dans leurs nids en forme d'igloo au milieu des joncs, attachés aux quenouilles, des troglodytes des marais.

Bécasse d'Amérique

Assister à la déclaration d'amour de la bécasse est un doux privilège. Tôt au printemps, au crépuscule, quand naît ou meurt le jour, recherchez les broussailles humides parsemées de fourrés d'aulnes. Au cours des jours précédents, les «bips» nasillards entendus à la brunante vous ont confirmé la présence de la bécasse. Mais attention où vous mettez le pied, car c'est une experte en camouflage.

Vous la trouverez dans son costume de noces aux tons de cannelle agrémenté d'une cape de feuilles mortes aux couleurs d'automne. Son bec est plus long que sa tête et ses yeux sont immenses. Elle s'envole à la verticale et décrit des spirales grandissantes pour ensuite se perdre dans la pénombre. Soudain, elle amorce sa descente, se laissant tomber en virevoltant comme une feuille morte, et atterrit à trois pas de sa demeure où se consomment ses amours.

La chute de la bécasse me rappelle toujours ces vers sublimes de Nelligan: «Comme des larmes d'or, qui de mon cœur s'égouttent, feuilles de mes bonheurs, vous tombez toutes, toutes.»

Bécassine des marais

Si parfois on peut assister au prélude amoureux de la bécasse, jamais la bécassine des marais ne fera pareil cadeau. Cependant, on peut, par temps sombre, entendre le trémolo chevrotant qui lui a valu son nom latin de *Capella gallinago,* c'est-à-dire «la poule qui agit en chèvre[1]».

Lorsque la bécassine plonge vers le sol comme un kamikaze, ailes repliées vers l'arrière, ses deux plumes extérieures sont grandes ouvertes et pointent à angle droit avec son corps. Ce sont elles qui vibrent quand le vent s'y engouffre, produisant un sifflement sourd qui rappelle le cri de la chèvre.

Même si son nom latin évoque l'espièglerie, la bécassine des marais a une vie plutôt sans histoire. Elle construit son nid dans les prés humides, les sols boueux et les vasières marécageuses, mais on peut l'apercevoir sur les piquets de clôture ou dans les parterres où, tel un merle, elle sautille d'un endroit à l'autre. Cet oiseau de rivage est beaucoup moins lourdaud que sa cousine la bécasse.

---

1. Ce nom était en fait celui de la «bécassine ordinaire» jusqu'à la fin des années 70. Celle-ci a été rebaptisée «bécassine des marais» en français et «Gallinago gallinago» en latin.

Bernache du Canada

Les statistiques démontrent que les bernaches du
Canada sont aujourd'hui cinq fois plus nombreuses qu'elles l'étaient dans les années soixante.
Il faut dire que peu d'oiseaux sont aussi farouches
et vigilants. Les astuces pour les approcher sont
bien vaines. «L'ouïe des bernaches est si déve-
loppée, écrivait Audubon, qu'elles peuvent distinguer sans erreur les pas d'un homme ou d'un cerf
qui s'approche ou le bruit de la pagaie qui heurte
le flanc du canot.» Si le danger est imminent, l'alerte
est vite donnée et toutes les bernaches tournent leur
regard vers la source du bruit.

Les mœurs de la bernache sont irréprochables; on ne lui
connaît aucun défaut. Sa fidélité est indéfectible. J'ai été
témoin de ses amours exclusives. Un éleveur vit l'un de ses
mâles se blesser lors d'une partie de chasse où l'oiseau avait
servi d'appelant vivant comme le permettait la loi à l'époque.
Gêné par l'allure de l'oiseau handicapé, l'éleveur le donna à un
ami, séparant ainsi le mâle de sa femelle.
Pendant les nombreuses années de
leur séparation, tant le mâle que
la femelle choisirent le céli-
bat; lorsqu'on décida de
les réunir quelques années
plus tard, l'ardeur amou-
reuse retrouvée confir-
ma l'exclusivité de leur
sentiment.

Le dévouement fami-
lial des bernaches est également remarquable; un
couple et sa couvée forment
un groupe presque inséparable.

Le printemps

Bruant des marais

Timide, le bruant des marais se cache dans les herbes hautes qui bordent les lacs et les cours d'eau lents. On le voit lorsqu'il chante, perché sur une quenouille ou un roseau. Son chant ressemble beaucoup à celui de son cousin le bruant familier, dont il se distingue par sa calotte plus foncée.

Busard Saint-Martin

Les grands paysages aquatiques et les champs sont les lieux de prédilection de ce chasseur désinvolte. Il semble un peu lymphatique car il adore se laisser planer au ras du sol, après quelques coups d'ailes. Il flotte ainsi, les ailes immobiles plus hautes que le corps. On dirait qu'il a grandi trop vite avec son corps mince et délicat, ses longues ailes et sa longue queue. Il est de couleur gris cendré (mâle) ou ocre (femelle), et il porte une tache blanche au croupion, très visible en vol.

Le spectacle que donne cet oiseau lors de sa parade nuptiale est assez exceptionnel. Après l'avoir contemplé, vous serez convaincu que les acrobaties aériennes ne sont pas une invention de l'homme.

Le moment du repas donne lieu également à des pirouettes vertigineuses. Pendant que le mâle chasse, la femelle couve les œufs, attentive au sifflement de son compagnon. Lorsque cet appel retentit, elle quitte les petits et va rejoindre son compagnon qui l'attend avec sa prise. Celui-ci laisse choir sa proie, la femelle fait la culbute, se renverse sur le dos et attrape au vol le repas de la famille. Quels merveilleux acrobates!

Butor d'Amérique

Avec la bécasse d'Amérique et l'engoulevent bois-pourri, le butor d'Amérique partage le championnat du camouflage. Mais le sien est bien plus subtil et ne compte pas uniquement sur ses couleurs qui se confondent avec le paysage; il adopte aussi la pose appropriée. Si vous le surprenez par une magnifique soirée de printemps dans un champ de quenouilles séchées, il pointera le bec vers le ciel tout en vous fixant de son œil étrange. La tache fauve rayée à la verticale imite à s'y méprendre le ton des quenouilles séchées.

Par temps venteux, est-ce une illusion, il semble dodeliner avec la brise pour se fondre dans le décor. S'il se croit véritablement menacé et décide de s'envoler, il le fait en mugissant comme un bœuf.

Chevalier branlequeue

Cet *Actitis macularia* en perdrait son latin si on lui racontait l'étrange histoire de son nom. On l'appela d'abord tape-cul, mais comme le mot gênait les oreilles délicates, on en vint à l'appeler maubèche, puis alouette branle-queue. En 1969, Claude Melançon lui donna un nom qui lui allait enfin comme un gant: la guignette grivelée. Une guignette étant un outil à lame recourbée, j'en déduis que le poète tenait à évoquer les ailes qui s'arquent vers le bas lorsque l'oiseau est en vol. Je m'efforçais de retenir ce nom lorsque, en 1986, on en revint au «branlequeue» en l'écrivant en un seul mot et en lui accolant le nom de chevalier, comme pour s'excuser de revenir au premier choix. Ouf! Que d'histoires pour trouver un nom à un petit oiseau qui élève et abaisse «ce que vous savez» à la manière des danseuses de french cancan!

Son vol aussi est original car il alterne entre les battements d'ailes et le vol plané. Cet oiseau svelte et gracile, à la poitrine grivelée, nous revient chaque année, reprenant sa danse étrange et quelque peu osée. À le voir bouger ainsi, on pourrait croire qu'il tente d'élargir son champ de vision. Les insectes aux alentours n'ont qu'à bien se tenir: le branlequeue fait de la prospection aussi bien dans le sable et la vase que dans la pierraille.

La couleur de ses œufs se marie si bien à celle du sol qu'on risque de les écraser par inadvertance. Aussitôt sortis de leur coquille, les petits branleront la queue pendant que sèche leur duvet.

Hibou des marais

Les oiseaux de nuit de la famille des hiboux sont tous coiffés d'aigrettes, mais le hibou des marais en arbore de si courtes qu'on croirait une chouette. Les anglophones l'ont bien nommé, eux qui lui ont conservé le nom de «Short-eared Owl».

Le hibou des marais est facile à reconnaître. Si vous voyez, planant au-dessus d'un champ ou perché sur un piquet de clôture, un hibou de couleur chamois, rayé de brun, de la grosseur d'une corneille, vous êtes bien en sa présence. Par chance, vous découvrirez son nid par terre, dans un terrain marécageux parsemé de touffes de saules ou d'aulnes, ou sur une terre en jachère envahie par les hautes herbes.

Oie des neiges

Il faut aller voir «neiger» les oies blanches au printemps: c'est un spectacle saisissant. Cette blancheur éblouissante qui arrive du sud des États-Unis et qui nous tombe du ciel remplace avec bonheur cette autre blancheur, froide et morbide, qui figeait la nature depuis des mois. Quel réconfort!

Le commun des mortels ne connaît de ces oiseaux que leur court passage parmi nous; en effet, ils ne restent pas. Tant que le scirpe, leur nourriture préférée, se retrouvera en abondance sur les battures du Saint-Laurent, les oies y feront leurs escales saisonnières.

Au printemps, la loi protège les reproducteurs en route vers l'Arctique. À leur retour, la chasse est contingentée et fait l'objet de contrôles rigoureux. Les gouvernements peuvent s'enorgueillir de cette belle réussite: au début du siècle, on comptait à peine 3 000 oies des neiges alors qu'elles sont plus de 300 000 maintenant.

Phalarope de Wilson

Il y a plus de soixante ans, mon ami Jean-Paul Couture et moi avons fait une fameuse excursion aux phalaropes sur les plages et dans les marais d'une petite île du Saint-Laurent, près de Montréal, où nichaient canards, foulques, pluviers et surtout le phalarope de Wilson. Celui-ci est le champion nageur de la famille des bécasseaux; sa manie de nager en rond en eau peu profonde, en plantant de-ci de-là son grand bec, nous avait toutefois laissés perplexes. Nos lectures nous apprirent plus tard qu'il agit de cette façon pour préparer son repas, déplaçant les larves de moustiques qui séjournent au fond de l'eau.

Cependant, ce n'est pas là sa caractéristique la plus originale, son comportement sexuel étant aussi fort intéressant. En effet, la femelle a plus d'hormones mâles que son compagnon et c'est elle qui fait la cour, une cour acharnée où s'affrontent plusieurs femelles. Lorsque le mâle a succombé aux charmes de la belle, c'est à lui qu'incombe l'élevage de la progéniture. Il couve lui-même les œufs et son abdomen dénudé de plumes au temps de la couvaison permet de communiquer sa chaleur aux œufs pondus par sa partenaire. Et dire que nous croyions avoir inventé «l'homme rose»!

Malheureusement, cette île n'est plus la niche écologique du phalarope de Wilson; des lotissements résidentiels occupent maintenant presque tout l'espace. Les oiseaux n'y font plus que de rares haltes en migration.

Pluvier semipalmé

À l'encontre du pluvier kildir qui porte deux colliers noirs, le pluvier semipalmé n'en arbore qu'un seul. Il ressemble au pluvier siffleur, mais il est plus foncé. Les guides d'identification décrivent bien les palmures entre ses doigts. Mais, ici ce matin, sur le bord de la grève où vous l'avez vu, la palmure se trouvait-elle bien entre le médian et le doigt externe? N'était-ce pas plutôt l'interne? Et le collier interrompu? L'oiseau était-il de front, de côté ou de dos? Et puis le temps était si sombre…
Le soir venu, en relisant vos notes d'observation, vous n'êtes plus sûr de rien. Ah! ces oiseaux! Ils vous font chaque fois le même coup.

Troglodyte des marais

Le troglodyte des marais est aussi peu répandu que son cousin le troglodyte familier. Ce merveilleux chanteur est pour ainsi dire disparu de nos paysages, quoique quelques-uns habitent encore les marais en eau peu profonde, entourés de quenouilles.

Pour mériter le nom de troglodyte, qui signifie «qui entre dans des trous», le troglodyte des marais habite en cavité. Fournissez-lui des joncs et il tissera un habitacle en forme de boule hermétique avec un accès sur le côté. Si vous avez la chance de voir ce nid, vous en serez ébahi. À l'intérieur, vous découvrirez un décor moelleux composé de cocons d'insectes et de duvet de quenouilles. Ce troglodyte est un oiseau charmant; puisse-t-il encore longtemps égayer nos marais!

Attirer les oiseaux chez soi

Si on peut encore aller observer les oiseaux dans la nature, peu après leur retour de migration, il est de moins en moins facile de les attirer chez soi. Il faut consacrer beaucoup de temps à préparer l'accueil, il faut se montrer patient et persévérant.

Les moyens d'attirer les oiseaux sont quand même relativement nombreux, à commencer par un environnement végétal varié et offrant à la fois gîte et nourriture à la faune ailée. On peut nourrir les oiseaux résidants comme les oiseaux de passage en leur offrant directement l'alimentation qui leur convient, on peut fabriquer toutes sortes de mangeoires et de nichoirs. On doit aussi songer aux parasites et aux prédateurs; comment les éloigner, comment éviter qu'ils ne s'emparent des abris aménagés pour les espèces préférées, qu'ils ne bouffent la nourriture qui ne leur est pas destinée?

Le jardin d'oiseaux

J'ai consacré tout un livre aux jardins d'oiseaux[1]. En fait, j'ai voulu y raconter les expériences d'aménagement paysager que ma compagne et moi avons effectuées autour de notre maison durant plusieurs années. Nous n'avions qu'un seul but en travaillant avec acharnement à changer notre décor: attirer de plus en plus d'oiseaux. Nous avons connu de spectaculaires résultats, mais, je ne le cache pas, certains échecs aussi. L'horticulture est un loisir passionnant, mais exigeant: il faut de la patience, de la persévérance, de la curiosité, de l'observation, de la vigilance… et beaucoup de temps.

Au fil des chapitres de ce livre divisé selon les saisons, j'attirerai l'attention sur les espèces d'arbres ou d'arbustes les plus susceptibles d'attirer les oiseaux. Pour le printemps, j'ai choisi la viorne, l'amélanchier, l'aubépine, le cornouiller et le cœur-saignant.

La viorne. On compte plusieurs espèces de viornes, parmi lesquelles la *viorne à feuilles d'aulne* ou *bois d'orignal.* Cet arbuste est l'un des premiers à fleurir au printemps; on peut le transplanter chez soi au moment du dégel, avant que ses énormes bourgeons n'aient éclos. Les oiseaux y seront attirés par ses fruits les plus violacés, qui arriveront à maturité à l'automne. On compte aussi parmi les viornes les *alisiers*, dont les fruits sont convoités par les merles et les merles-bleus, ainsi que le *pimbina* ou *viorne trilobée*, fréquenté par le dur-bec des pins à l'automne; au printemps, les drupes translucides des pimbinas pendent encore à ses branches, pour le plus grand bonheur des jaseurs des cèdres et des merles-bleus. La viorne comestible, la *viorne à feuilles d'érable* et la *viorne de Rafinesque* sont d'autres espèces qui attireront merles-bleus, roselins pourprés, jaseurs des cèdres, merles et grives.

---

1. *Les jardins d'oiseaux,* Brimar et Québec Agenda, 1988.

Viorne cassinoïde

L'amélanchier. Le frère Marie-Victorin a écrit, dans la *Flore Laurentienne:* «Communément appelés petites poires, les amélanchiers mériteraient d'être cultivés en haies à cause de leur beauté au moment de la floraison, de leur immunité relative à l'endroit des parasites et de l'attrait qu'ils exercent sur les oiseaux...» Les fruits de l'amélanchier sont précoces et n'arrivent pas tous à maturité en même temps, ce qui en fait une espèce d'arbuste très fréquentée par les oiseaux durant tout le printemps et l'été. Merles, jaseurs des cèdres, grives, roselins pourprés ou familiers, cardinaux à poitrine rose et gros-becs errants s'y délectent tour à tour de ces fruits mûrs qu'ils reconnaissent à leur couleur rose pourpre foncé ou rose violacé selon les espèces.

L'aubépine. Cet arbuste de bonne dimension peut servir d'abri à un grand nombre d'espèces. La corneille, le merle d'Amérique, le moucherolle des aulnes, le geai bleu, le moqueur chat, le jaseur des cèdres et les parulines adorent y nicher.

Aubépine

Le cornouiller. Ce sont principalement le *cornouiller du Canada* ou *quatre-temps*, le *cornouiller stolonifère* ou *hart rouge*, et le *cornouiller rugueux*. Les fruits rouge vif du quatre-temps sont appréciés des perdrix et des viréos à tête bleue; les fruits blancs ou bleuâtres de la hart rouge sont convoités par les cardinaux à poitrine rose, les grives migrantes, les merles et les viréos; les fruits bleuâtres du cornouiller rugueux feront les délices des oiseaux qui s'attardent à l'automne.

Cornouiller

Le cœur-saignant. Cette fleur ornementale magnifique, dont les clochettes fleurissent en même temps que les chèvrefeuilles, occupe une place de choix dans notre jardin d'oiseaux. Les colibris, qui inclinent comiquement la tête pour savoir ce qui se cache au fond de ces «cœurs qui saignent», offrent un spectacle des plus fascinants.

À propos des nichoirs

On n'installe pas un nichoir n'importe où. Autant que possible, il doit être placé dans l'environnement qui reproduit le mieux les conditions naturelles qui attirent les oiseaux. Si l'oiseau ne peut trouver sa nourriture à proximité, il y a de fortes chances que le nichoir reste inoccupé.

Pour certaines espèces, comme l'hirondelle pourprée, le nichoir peut être fixé à la maison ou installé tout près, pour d'autres, comme le merle-bleu, il doit se trouver à au moins 200 mètres de toute habitation, en terrain découvert.

C'est en général au printemps qu'on installe les nichoirs, mais la période varie selon les espèces que l'on veut attirer. En fait, on devrait les installer dès qu'on aperçoit les espèces qu'on voudrait bien voir venir y élire domicile. Si on le fait avant, on risque fort de les trouver pris d'assaut par des sédentaires comme les moineaux et les sansonnets. Les nichoirs ne doivent donc pas être laissés en place toute l'année, ouverts aux quatre vents et à toutes sortes d'intrus.

La hauteur du nichoir a aussi son importance. Pour l'hirondelle noire, on parle d'une hauteur de quatre à six mètres, pour la bicolore, de un mètre cinquante à cinq mètres. Le merle-bleu se contentera pour sa part d'une cabane fixée sur un piquet de clôture, à tout au plus deux mètres.

Enfin, on doit veiller à orienter l'entrée du nichoir vers l'est, le nord ou le nord-est pour éviter toute chaleur excessive qui résulterait d'une pénétration directe des rayons du soleil à travers l'entrée.

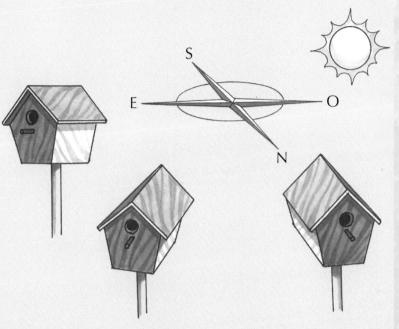

Principes de construction d'une cabane d'oiseaux

Toute cabane doit être faite de cloisons de bois épaisses pour assurer la meilleure isolation possible. On peut imperméabiliser ces cloisons en les enduisant d'huile de lin à l'extérieur et à l'intérieur jusqu'à ce que le bois en soit bien imprégné; il faudra cependant laisser sécher cet enduit au moins un mois à l'extérieur.

Une cabane doit être propre et bien aérée, en prévision des canicules estivales. C'est donc dire qu'on devra y aménager suffisamment d'ouvertures pour que l'air y circule aisément. L'entrée devrait toujours être inclinée, l'ouverture intérieure légèrement plus élevée que l'ouverture extérieure, afin d'empêcher la pluie de pénétrer dans la cabane.

La cabane peut s'ouvrir:

- par devant (**A**)
- par un côté (**B**)
- par le dessus (**C**)
- par un tiroir (**D**)

A

B

C

D

Voici quelques exemples de diamètres d'ouverture:

NOM DE L'ESPÈCE	DIAMÈTRE DE L'ENTRÉE
troglodyte familier	2,50 cm (1 po)
mésange, sittelle à poitrine rousse, pic mineur	3,25 cm (1 $^1/_4$ po)
hirondelle bicolore, merle-bleu	3,75 cm (1 $^1/_2$ po)
hirondelle noire	6,50 cm (2 $^1/_2$ po)

Attention! À plus de 35 millimètres (1 $^3/_8$ pouce), le moineau peut s'introduire, à plus de 41 millimètres (1 $^5/_8$ pouce), c'est le sansonnet qui peut envahir les lieux.

Décourager les intrus

Moineaux et sansonnets doivent être repoussés bien entendu, mais l'environnement compte plusieurs autres visiteurs indésirables et… menaçants. Que faire pour protéger les hôtes légitimes des écureuils, des chats, des ratons laveurs…? Si on a des raisons de croire qu'il se trouve des ratons laveurs dans les parages, on peut fixer sur l'ouverture de la cabane une pièce de bois épaisse, percée aux dimensions de l'entrée; le raton ne pourra alors atteindre les œufs ou les oisillons, même en tendant la patte le plus loin possible. On peut aussi fixer des petits perchoirs sur la cloison avant, immédiatement sous l'entrée à l'intérieur.

Pour éloigner les moineaux qui convoiteraient le logis d'une famille de merles-bleus, on peut construire une cabane conventionnelle dont on remplacera le toit par un grillage. Les moineaux détestent dormir à la belle étoile, tandis que les merles-bleus s'en accommodent même si de violentes averses risquent d'inonder l'habitat. Les

petits se réfugient alors sous les ailes déployées de maman, et le soleil a tôt fait d'effacer toute trace de l'ondée.

Des sansonnets font-ils dangereusement concurrence aux hirondelles noires pour la possession d'un nichoir? Comme le diamètre de l'entrée doit avoir un minimum de 5 centimètres, idéalement autour de 6,50 centimètres, le nichoir est accessible aux deux espèces. Construisez votre maisonnette en aluminium plutôt qu'en bois; les sansonnets ne peuvent tolérer un intérieur qui réfléchit la lumière, alors que les hirondelles s'en accommodent.

Voici un nichoir de mon invention, idéal pour les merles-bleus et inaccessible aux moineaux, et, bien sûr, aux ratons laveurs. Le toit, en forme de trapèze, est fortement incliné et est beaucoup plus grand que le dessus de la cabane; ainsi en surplomb, ce toit bloque tout accès direct à l'entrée. Le moineau, qui vole en ligne droite, ne peut donc pénétrer dans la cabane et il faudrait qu'un raton laveur soit un meilleur acrobate qu'il ne l'est en réalité pour pouvoir introduire sa patte à l'intérieur tout en se maintenant en équilibre.

Il existe bien d'autres astuces pour repousser et décourager les visiteurs indésirables. J'en ai décrit plusieurs dans un de mes livres[1]. Certaines de ces astuces s'appliquent aux nichoirs, d'autres aux mangeoires. En voici deux modèles, dont on trouvera la description détaillée et les instructions de fabrication dans *Nos oiseaux en péril*.

---

1. *Nos oiseaux en péril, pouvons-nous encore les sauver?*, Les Éditions de l'Homme, 1993.

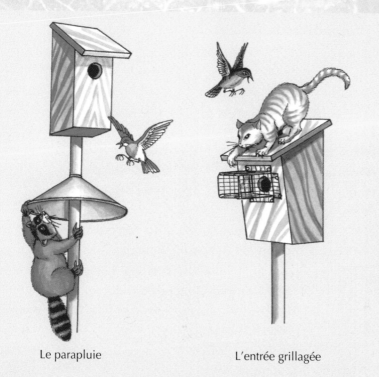

Le parapluie   L'entrée grillagée

Cohabitation des merles-bleus et des hirondelles

Merles-bleus et hirondelles peuvent partager un même territoire, car les premiers chassent au sol et les secondes dans l'air. Les nichoirs, regroupés par paires (l'un pour le merle-bleu, l'autre pour l'hirondelle), devront cependant être séparés d'au moins 100 mètres (300 pieds), car le merle-bleu ne tolère aucun oiseau de son espèce dans son entourage immédiat.

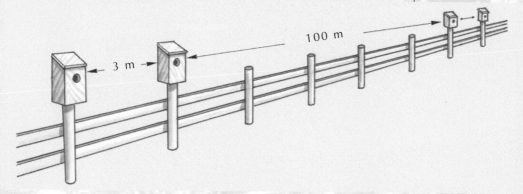

Mangeoires simples

Un autre moyen d'attirer les oiseaux consiste simplement à leur offrir de la nourriture. Il faut cependant y consacrer beaucoup de temps et se montrer à la fois fidèle et constant. On peut acheter des mangeoires dans les magasins spécialisés, par exemple des distributeurs de graines, mais pourquoi ne pas en fabriquer soi-même? J'en suggère une trentaine de modèles dans mon livre *Nourrir nos oiseaux toute l'année*[1].

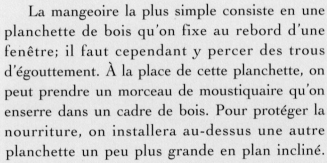

La mangeoire la plus simple consiste en une planchette de bois qu'on fixe au rebord d'une fenêtre; il faut cependant y percer des trous d'égouttement. À la place de cette planchette, on peut prendre un morceau de moustiquaire qu'on enserre dans un cadre de bois. Pour protéger la nourriture, on installera au-dessus une autre planchette un peu plus grande en plan incliné. On peut aussi fabriquer des mangeoires très simples à l'aide d'un contenant de lait ou d'un bidon d'eau de quatre litres.

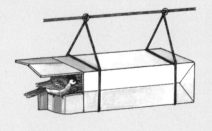

1. *Nourrir nos oiseaux toute l'année*, Les Éditions de l'Homme, 1989.

Il est possible de faire manger les oiseaux… dans sa main, mais c'est un peu plus compliqué qu'il n'y paraît à première vue. Il ne sert à rien de prendre une poignée de graines de tournesol et de tendre la main en espérant que les oiseaux vont immédiatement surgir de toutes parts; seul saint François d'Assise arrivait à faire ce genre de miracle, semble-t-il! Je suggère plutôt de fabriquer une fausse main tendue avec un tube de carton, de la broche et un vieux gant, et de la fixer, à travers une fenêtre entrouverte, à un mannequin (un manteau sur un cintre par exemple). On met des graines dans cette main, et il y a de fortes chances que mésanges et sizerins viennent s'y alimenter. Une fois qu'ils ont adopté cette mangeoire, il suffit de se substituer au mannequin en revêtant le manteau et le gant, et en restant immobile.

Comme pour les nichoirs, il ne faut pas oublier de prendre les moyens nécessaires pour éloigner les oiseaux parasites et autres pilleurs de nourriture. On trouve par exemple des mangeoires anti-écureuils sur le marché, mais, la plupart du temps, on devra faire preuve d'imagination et de ruse pour prévenir les intrusions des voleurs. On peut entourer la mangeoire d'un grillage dont le quadrillage est suffisamment grand pour laisser passer les petits oiseaux, mais qui bloque l'accès aux oiseaux plus gros, aux écureuils, aux chats et aux ratons laveurs. Voici une mangeoire construite sur le modèle d'un temple grec; la colonnade autorise l'entrée des petits oiseaux, mais interdit l'accès aux geais bleus.

Un conseil enfin, gardez vos mangeoires propres. Des graines moisies peuvent devenir impropres à la consommation et causer des maladies. Au dégel du printemps et après les grosses pluies, il faut vider les mangeoires, les nettoyer et les désinfecter.

La nourriture

Que doit-on offrir aux oiseaux? Essentiellement des graines. On en distingue six sortes; les trois premières sont des graines noires à servir dans les mangeoires, les trois autres sortes sont des graines blanches à épandre sur le sol.

Graines noires. Les graines de *tournesol* noires plaisent à presque toutes les espèces; elles sauront sûrement attirer mésanges, gros-becs errants, geais bleus, chardonnerets des pins, roselins, cardinaux et sittelles. Les graines de *chardon* sont les préférées des chardonnerets, comme le nom l'indique, mais elles plaisent également aux sizerins, mésanges et roselins (pourprés et familiers). Réservez les graines de *colza* pour tourterelles, juncos ardoisés et chardonnerets jaunes durant l'été.

Graines blanches. Le *millet* attirera roselins et bruants. *L'alpiste* plaira aux tourterelles, juncos et bruants. Le *maïs* fera les délices des geais, bruants, juncos, cardinaux et tourterelles.

Je ne recommande pas les mélanges, car les oiseaux sélectionnent les graines qu'ils préfèrent et abandonnent le reste. Aussi distribuera-t-on les graines noires dans des mangeoires séparées selon la sorte. Achetez les graines en grande quantité, c'est très économique. Et conservez-les dans des récipients hermétiques, en métal ou en plastique.

Autre suggestion: dans un plateau séparé, versez du gros sel, du sable et du gravier; les oiseaux en consomment pour faciliter leur digestion. Je vous renvoie enfin au tableau en annexe à la page 267 pour connaître la nourriture qui convient le mieux selon l'espèce.

L'été

Champs d'oiseaux

Au fond des bois

Au bord de l'eau

À Balconville

Attirer les oiseaux chez soi

Les bébés carouges sont les premiers à quitter le confort douillet du nid. Les petits des merles veulent aussi profiter le plus tôt possible de la belle saison, de même que les bicolores. La nature, richement garnie, s'apprête à s'assoupir sous le soleil. Le grand farniente des oiseaux chanteurs se prépare.

Les fruits mûrissent aux branches des arbustes. Les petites poires des amélanchiers ont à peine eu le temps de rosir que les frugivores se jettent sur cette manne. Les sureaux rouges, le bois d'orignal, les petits merisiers, les cerisiers à grappes se montrent prodigues à leur tour. C'est la grande bouffe des oiseaux!

Champs d'oiseaux

Tiens, allons voir les goglus. L'été commence tout juste, c'est le 21 juin. À la ferme, on est sur le point de faucher le foin. Mais que font ces dizaines de goélands à bec cerclé perchés sur le toit de la grange, loin de leurs rivages familiers? Devant la faucheuse s'enfuient maladroitement goglus, sturnelles et bruants des prés, pris de panique. Pour les goélands, la table est mise, l'herbe coupée a fait surgir des proies de premier choix; les oisillons, sachant à peine voler, sont avalés tout ronds par ces becs gloutons.

Bruant des champs

Le bruant des champs pourrait être confondu avec la plupart des autres bruants sans son bec rose qui le distingue bien de ses cousins. Vous le verrez sans doute en vous promenant dans un champ en jachère, un pâturage en repousse ou une forêt coupée laissée en friche, là où prolifèrent les épineux comme le cenellier ou le nerprun. Il vous faudra néanmoins faire preuve de patience car il peut nicher dans une grande variété d'endroits. Par conséquent, ses territoires de prédilection sont peu peuplés. C'est toujours une joie de l'entrevoir ne serait-ce qu'un instant. Aussitôt vu, aussitôt disparu!

Bruant des prés

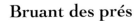

Pour observer le bruant des prés, fréquentez les lieux découverts: prés, champs ou plaines, clairières, tourbières, dunes de sable tapissées de plantes herbacées, bords herbeux de cours d'eau; on le voit souvent perché sur des branches de petit sapin et sur les clôtures. Cet oiseau délicat au bec en forme de cône et au sourcil jaunâtre mérite votre attention. Si son plumage chamois rayé de gris ressemble à celui du bruant chanteur, sa queue par contre est légèrement fourchue et un peu moins longue.

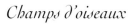

Petite buse

Facile à observer, la petite buse s'exhibe à découvert sans manifester la moindre crainte; on l'aperçoit souvent posée sur un fil électrique. C'est la plus petite de sa famille; en fait, elle n'est pas beaucoup plus grosse qu'une corneille. Elle et la buse à épaulettes présentent des rayures transversales à l'extrémité de la queue. Chez nous, elle niche dans les mêmes secteurs qu'elle fréquente pour chasser. On peut la voir dans les grands arbres des boisés avoisinant les fermes ou le bord des cours d'eau. La petite buse se nourrit d'insectes, de couleuvres et de crapauds. Pour certains son cri ressemble aux appels mélancoliques du pioui avec un peu plus de douceur dans le ton, pour d'autres il évoque son nom, «p'tit' buse».

Buse à épaulettes

La buse à épaulettes est plus grande que la petite buse. Sa queue, ornée de longues lignes transversales, est beaucoup plus longue que celle de sa petite cousine. On retrouve ces deux espèces dans les lieux boisés qu'elles affectionnent, tant pour chasser que pour nicher.

Buse à queue rousse

Une autre buse niche dans nos forêts, la buse à queue rousse. L'adulte est doté d'un plumage d'un roux très prononcé à l'extrémité de sa queue. Mais pour l'observateur non averti, toutes les buses se ressemblent… De fait, il est toujours plus facile d'identifier un rapace en vol que lorsqu'il se trouve perché; on doit surtout observer la forme des ailes, ainsi que la forme, la longueur et la taille de la queue.

Buse pattue

La buse pattue est la plus grande des buses qui visitent nos régions. Toutefois, c'est un oiseau de l'Arctique que l'on aperçoit uniquement en migration lorsqu'il vient chasser au-dessus des champs à découvert. Son vol plané permet de reconnaître cette buse: au moment où elle décrit de grands cercles concentriques au-dessus de sa proie, ses pattes entièrement emplumées sont complètement tendues vers l'arrière; et lorsqu'elle vole sur place, on aperçoit une bande noire sur la queue et une bande foncée sur la poitrine.

84

Chardonneret jaune

En été, le chardonneret jaune a l'air d'un serin dont on aurait teint la tête, les ailes et la queue en noir. Il n'a pas à lui envier ses talents de chanteur car ses concerts sont tout aussi harmonieux.

Pour nicher, il attend que les chardons sauvages montent en graines en juillet, afin de leur arracher leur duvet. C'est le plus tardif des nicheurs d'une unique couvée. Comme, à cette époque, les femelles des vachers ont déjà pondu leurs nombreux œufs, les nids du chardonneret sont rarement envahis par ces parasites. C'est sûrement pour cette raison que l'espèce se maintient. On peut penser aussi que la multiplication des mangeoires a limité leurs déplacements et atténué les pertes dues aux prédateurs sur les routes migratoires.

On retrouve donc le chardonneret en juillet,
construisant le nid le plus joli, le plus douillet
et le mieux façonné qu'il m'ait été donné de
voir. Il ne restera beau que le temps de la
couvaison car les petits se chargeront
rapidement d'en tapisser les rebords
de leurs déjections.

Quand les petits peuvent voler, le
chardonneret jaune descend plus au
sud ou reste dans nos parages. On
note que son plumage change de
couleur quand il a décidé de passer
l'hiver chez nous. Certaines années,
lorsqu'il pressent que les provisions
seront insuffisantes pour l'hiver, il
disparaît complètement.

Colibri à gorge rubis

Le colibri à gorge rubis apparaît comme un bijou minuscule qui arrive avec l'éclosion des fleurs tubulaires et qui repart quand elles se fanent. Il est le seul de sa famille à venir à notre latitude de ce côté de l'Amérique. Son nom le décrit fort bien: le mâle exhibe une extraordinaire gorge rouge quand on l'observe directement sous les rayons du soleil; sous un autre angle, la gorge apparaît plutôt foncée que rouge. Mais on pourrait tout aussi bien décrire le colibri à gorge rubis par le vert émeraude remarquable de sa cape.

En anglais, on appelle sa famille «Hum-mingbirds», c'est-à-dire «oiseaux qui bourdon-nent». Aux temps des amours, le mâle imite le mouvement d'un balancier et produit ce bour-donnement caractéristique afin de circons-crire l'objet de ses désirs. Ses amours sont éphémères car il laisse vite sa conquête pour aller butiner du côté des fleurs, surtout les rouges. La femelle reste donc seule pour bâtir son nid, couver ses œufs et nourrir ses petits. Ce nid est un chef-d'œuvre de camouflage.

Ce don Juan a un tempérament de feu; il rabroue tous les concurrents qui osent s'approcher de la mangeoire qu'il monopolise. Ses cris étouffés et ses ailes qui vrombissent montrent bien qu'il n'a peur de personne, même d'un plus gros que lui. Sa témérité le pousse cependant à la malhonnêteté: on l'a parfois surpris à déguster les prises des araignées dans leurs toiles; parfois, il y reste prisonnier.

Crécerelle d'Amérique

Pas plus grosse qu'un geai, la crécerelle d'Amérique est un petit faucon qui porte une mini-calotte d'un roux marron. Cette couleur se retrouve également sur son dos, son croupion et sa queue, et en fait un oiseau magnifique. Ses ailes sont bleu gris et des taches noires se retrouvent sur tout son plumage.

Installée sur un fil, la crécerelle surveille son territoire. Tout comme le martin-pêcheur, elle volette sur place et lorsqu'elle a repéré sa proie, elle fond sur elle tête première pour l'engloutir. Ce sont presque toujours des insectes rarement plus gros que des sauterelles qui l'intéressent. Au cours de la chasse, elle peut fixer le soleil grâce à une membrane qui recouvre ses yeux et qu'elle peut abaisser et relever à volonté.

La femelle a fière allure, quoique les teintes de sa robe soient plus effacées. Pour nicher, elle se contente d'un trou délaissé par un pic flamboyant. Mais on peut la convaincre de s'installer dans une maisonnette car c'est un oiseau peu farouche. Pour ma part, je reste perplexe: chaque fois que j'ai eu le plaisir de voir une crécerelle s'établir dans un de mes nichoirs, j'ai retrouvé ses œufs au sol et un étourneau sansonnet à sa place.

Engoulevent bois-pourri

Grâce à son plumage sombre où se mêlent parcimonieusement des tons de brun et de beige, l'engoulevent bois-pourri peut se camoufler facilement. Durant le jour, ces couleurs lui permettent de sommeiller au sol en se perdant dans le décor, et, le soir venu, elles le protègent contre les prédateurs dans ses randonnées de chasse. Ses œufs lilas et ocre se confondent aussi avec le lit de feuilles mortes où la femelle les dépose.

Il possède des pattes courtes et faibles, de longues ailes pointues, un bec minuscule et une bouche énorme qui va d'une oreille à l'autre. Cette dernière caractéristique lui a valu le surnom de «téteur de chèvre»: la légende raconte que l'engoulevent visitait les pâturages la nuit pour aller téter les chèvres.

L'engoulevent se délecte plutôt d'insectes, raffolant des papillons de nuit et des maringouins. C'est un bon chasseur car ses grands yeux de hibou lui permettent de bien voir dans la noirceur. Son cri lancinant impressionne; on reconnaît la grande respiration qui précède ses «bois-pourri, bois-pourri, bois-pourri, bois-pourri» répétés inlassablement.

Hélas! Les territoires de nidification que je connais ne l'hébergent plus.

Photo: A. Dion

Épervier brun et épervier de Cooper

L'épervier brun et l'épervier de Cooper sont deux versions presque identiques du même oiseau. La taille les différencie, l'épervier brun étant le plus petit; la queue aide également à les distinguer: celle de l'épervier brun est courte et carrée, celle de l'épervier de Cooper longue et arrondie.

Avant de pavoiser sur vos réussites en tant qu'observateur d'oiseaux, n'oubliez pas qu'un épervier brun femelle bien nourri peut être aussi gros qu'un épervier de Cooper mâle rachitique. L'épervier brun est un peu moins casse-cou cependant. Il a l'œil tout aussi cruel lorsqu'il chasse, mais il s'en tient habituellement aux lisières des forêts où l'espace dégagé lui permet de pourchasser facilement sa proie. On peut aussi l'observer près des mangeoires.

L'un comme l'autre n'hésitera pas à fondre sur une tourterelle triste et à la poursuivre dans les broussailles épaisses de la forêt au risque de se briser les ailes ou le cou.

Héron garde-bœufs

Avant de remonter vers nos régions au milieu du vingtième siècle, le héron garde-bœufs s'était d'abord implanté en Amérique du Sud. Il est présent partout où il y a du bétail, se tenant le plus souvent perché sur le dos des bêtes, allant au sol uniquement pour picorer autour de leurs pattes. Il sait depuis longtemps qu'une nourriture abondante s'y trouve, avec tous ces insectes qui vivent aux dépens des mammifères.

Les troupeaux paissent fréquemment près d'un plan d'eau où ils profitent d'un terrain humide et herbeux. Pour nicher, le héron garde-bœufs se contente des arbres et arbustes autour de cette étendue d'eau. On l'aperçoit de plus en plus souvent le long du Saint-Laurent en compagnie de goélands, et ce n'est qu'une question de temps avant qu'il ne soit déclaré *espèce nicheuse* à notre latitude.

Hirondelle à front blanc

Outre son front blanc, cette hirondelle a un croupion couleur cannelle qui permet de la reconnaître. Son nid est facile à repérer: on retrouve toute la colonie au même endroit, souvent sous le toit d'une maison, sous la corniche d'une église ou sous la charpente d'un pont. De plus, son aspect est particulier: c'est un nid façonné uniquement de boulettes de glaise avec une toute petite ouverture au milieu qui le fait ressembler à une cornue.

Les moineaux parasitent les hirondelles et ne cessent de s'introduire dans leurs nids. Si votre colonie est victime d'une telle persécution, je vous suggère d'installer devant les nids une planchette de bois, à laquelle vous suspendrez des ficelles

d'une longueur de 45 centimètres, espacées
d'environ 15 centimètres; un gros boulon
à l'extrémité de chacune des ficelles les
empêchera d'osciller. Les hirondelles
sont des oiseaux extrêmement agiles,
qui peuvent facilement faire des
virages à 90 degrés; il ne leur sera
pas difficile de contourner cet
obstacle, tandis que les moineaux,
eux, seront repoussés. Vos hirondelles pourront se reproduire en paix.

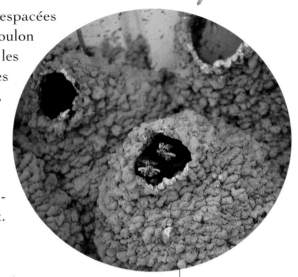

Hirondelle des granges

L'hirondelle des granges, qu'on appelle maintenant hirondelle rustique, avait l'habitude de construire son nid à l'intérieur des bâtiments de la ferme familiale. De nos jours, des constructions de tôle ondulée ont remplacé la plupart des granges et, comme elles sont le plus souvent hermétiquement fermées, les hirondelles ne peuvent pas s'y installer pour nicher. Elles se trouvent donc reléguées aux garages, remises ou hangars qu'on laisse ouverts à la belle saison.

Elles ne sont malheureusement pas au bout de leurs peines car elles sont aussi victimes du vandalisme des moineaux domestiques qui fréquentent les mêmes lieux. Leur doux nid, encore tapissé de plumes de volaille, sert désormais de théâtre à des disputes disgracieuses.

Hirondelle noire

Quand j'étais jeune scout, j'étais l'ornithologue attitré de la troupe. Je me souviens très bien de la colonie d'hirondelles noires que j'avais découverte dans le toit pourri d'une demeure délabrée. Les temps ont bien changé car ces oiseaux habitent maintenant de luxueux immeubles en aluminium.

Au cours des années trente, il n'y avait qu'un seul modèle de cabane destiné aux hirondelles noires. C'était une structure compliquée à peu près irréalisable pour un profane, et qui ne permettait même pas de tenir à distance les moineaux et les étourneaux sansonnets. Aujourd'hui, la plupart des cabanes sont construites en aluminium, un revêtement réfléchissant que les sansonnets détestent. Ces abris ont permis aux colonies d'hirondelles noires de prospérer. La partie n'est toutefois pas gagnée: les dangers restent nombreux pour ces migratrices qui nous quittent pour le Brésil en hiver.

Martinet ramoneur

«Heureux martinets qui survivrez dans les cheminées tant que les hommes auront besoin de feu dans leur foyer», ai-je écrit il y a plusieurs années[1]. Dans d'autres publications, j'ai par la suite attiré l'attention sur les menaces qui pesaient sur le martinet ramoneur. «L'espoir est-il encore permis?» me demandais-je notamment[2]. Aujourd'hui, je suis en mesure de répondre oui. Nous pouvons offrir à cet étrange oiseau, qui passe une partie de sa vie dans les airs à pourchasser les insectes, des refuges qui peuvent tenir lieu de cheminées.

En Alsace, j'ai découvert qu'on hébergeait les martinets noirs dans des cabanes qui ressemblent au modèle que je présentais dans *Construire des cabanes d'oiseaux* sous le nom d'antimoineau. Au lieu d'une entrée de forme circulaire, on perce une ouverture de forme oblongue sous la cabane; il suffit alors d'installer cet abri sous la corniche d'un toit. (Voir l'illustration à la page 151.)

On peut aussi construire une fausse cheminée où les martinets trouveront un abri de premier choix, valant bien les puits d'aération des bâtiments de ferme que plusieurs ont adoptés faute des bonnes vieilles cheminées d'antan. (Voir l'illustration à la page 151.)

Nid de martinet à l'intérieur d'une cheminée.

---

1. *Le Retour de l'oiseau bleu*, Éd. Auto-Correct-Art, 1981.
2. *Nos oiseaux en péril, pouvons-nous encore les sauver?*, Les Éditions de l'Homme, 1993, pages 169 à 171.

Oriole du Nord

Cet oiseau orange et noir fut nommé oriole de Baltimore en l'honneur d'un lord anglais qui arborait ces couleurs sur son blason. Depuis le début des années quatre-vingt, l'oriole de Bullock, établi à l'ouest de l'Amérique du Nord, et l'oriole qui nous visite à l'est sont désignés tous les deux sous le nom d'oriole du Nord.

Il y a plusieurs années, lorsque les grands ormes poussaient à l'orée des champs et le long des routes secondaires, on pouvait facilement apercevoir de nombreuses niches d'orioles du Nord suspendues à l'extrémité des longues branches. Tout comme les ormes, les orioles disparaissent peu à peu. Les plus tenaces se sont adaptés et s'établissent désormais dans les saules, les peupliers et les vignes. Leurs nids sont toujours aussi artistement tissés au moyen des aigrettes soyeuses et fibreuses des asclépiades.

Passerin indigo

On parle beaucoup du bleu azur du merle-bleu et si peu du bleu indigo de ce passerin. Heureusement qu'il laisse un souvenir persistant car il est bien rare que l'on puisse être témoin de sa visite. Ma dernière observation d'un passerin indigo remonte à près de quinze ans. J'étais parvenu à ramener un couple de merles-bleus dans mon jardin. Les petits allaient bientôt quitter le nid et la femelle retrouvait apparemment des élans romantiques. Le mâle, occupé à des tâches domestiques, faisait la sourde oreille aux avances de sa belle. Ce que je vis ensuite me semble encore incroyable aujourd'hui; un passerin indigo s'amena pour séduire la femelle et l'invita à le suivre dans le sous-bois environnant, ce qu'elle s'empressa de faire.

Chaque fois que je me retrouve dans une forêt en repousse ou en régénération, ou devant des buissons dans une clairière, j'ouvre tout grands les yeux car je sais que c'est là que niche ce Casanova! Malheureusement, je sais que le vacher à tête brune s'intéresse aussi à ce merveilleux passerin.

Pic flamboyant

Un pic flamboyant amoureux est bien drôle à regarder. On croirait un clown intimidé, tout en courbettes, voletant sur les branches et se cachant derrière les troncs. Il se dérobe au moindre geste de la courtisée ou, au contraire, étale ses ailes aux revers dorés.

Puis, soudainement, le voilà en ménage; les folies sont finies car il y aura bientôt six bouches à nourrir. Le pic flamboyant est un oiseau prolifique. Lorsque j'étais étudiant, j'ai participé à une expérience où, tous les jours, on enlevait l'œuf du nid d'un pic flamboyant. L'œuf étant remplacé quotidiennement, on voulait savoir combien la femelle en pondrait. L'expérience cessa après plus de 60 œufs. Leur coquille était si mince qu'on pouvait presque voir au travers.

Avant que les poteaux de ligne électrique ne soient imprégnés de créosote, une substance toxique, le pic flamboyant y creusait volontiers son nid. La cavité se trouvait souvent à un mètre du sol, tout près de la première source d'approvisionnement alimentaire, les fourmilières. Chaque année, le pic creusait un nouveau trou pour y installer sa nombreuse famille. Situé près des habitations humaines, le nid était malheureusement fort recherché par les étourneaux sansonnets; les merles-bleus le convoitaient aussi,

mais ils attendaient que les légitimes propriétaires s'en désintéressent après utilisation.

Comme la majorité excavent à nouveau chaque année, c'est de nos jours en bordure des forêts que l'on retrouve le pic flamboyant. Pour entendre ses roulements de tambour et les éclats de cymbales de son rire sonore, il faut faire comme lui et s'éloigner des lieux habités.

Urubu à tête rouge

Dans le ciel, l'urubu à tête rouge semble plus grand qu'un balbuzard. Son ventre montre deux tons de noir et, avec des jumelles, on distingue nettement ses pattes rouges. Son vol est extrêmement gracieux. L'image se gâte néanmoins lorsqu'il se pose: de près il ressemble à un vautour hideux affublé d'une minuscule tête rouge ratatinée.

L'urubu est un charognard. On le retrouve donc dans les lieux où il peut satisfaire ses besoins spécifiques. C'est à Gettysburg, aux États-Unis, que j'ai vu un urubu pour la première fois. Théâtre de la dernière bataille de la guerre de Sécession, Gettysburg abrite une large colonie d'urubus qui, installée au lendemain du combat, n'a plus jamais quitté les lieux. Au Québec, on en voit aux alentours des abattoirs, où l'on engraisse les champs adjacents avec les surplus non comestibles de poulets.

Au fond des bois

Que réserve la forêt avoisinante? Dans les bosquets et les sous-bois embroussaillés, on entend chanter le cardinal à poitrine rose, le tangara écarlate et le viréo aux yeux rouges, qu'on appelle familièrement le petit prêcheur. Quand le sous-bois se fait plus dense, on peut apercevoir une grive des bois, qui s'empresse de se dérober au regard. Mais qu'est-ce que ce tintamarre soudain? Qu'est-ce qui leur prend à ces corneilles de crailler en chœur aussi bruyamment? Sans doute un hibou qu'elles houspillent pour le chasser!

C'est hors des sentiers battus, loin de tout habitat humain, que la nature réserve ses meilleures surprises aux passionnés des oiseaux. Circuler au milieu de fourrés épineux? Peut-être, mais le moqueur roux ou le moqueur chat va sans doute protester: à bon entendeur, salut! Dans cette prucheraie, un pic! À dos noir ou tridactyle? Pas facile d'identifier correctement l'espèce. Et ainsi de surprise en surprise, en essayant de nommer ces hôtes fugitifs et farouches, sans doute plus troublés par le visiteur qu'enclins à lui révéler tous les secrets de leur existence!

Bruant familier

Le bruant familier que l'on voit surtout l'été ressemble au bruant hudsonien; comme lui, il porte une calotte rousse. Sa poitrine grise est unie, sans ce point brunâtre qui caractérise son cousin. La mandibule supérieure est foncée, l'autre est jaune. Une ligne noire traverse l'œil et le sourcil est blanc.

Après avoir hiverné au sud, le bruant familier revient nicher dans nos parages. On l'aperçoit souvent chantant à tue-tête au-dessus du conifère où il a fait son nid. Particularité intéressante, la coupole intérieure de ce nid est ceinturée de crins de cheval finement entrelacés et ce, même s'il n'y a pas de cheval dans les environs.

Ses œufs sont d'un bleu verdâtre avec une couronne de taches rousses près du gros bout. Malheureusement, les nids du bruant familier abritent souvent les gros œufs blancs délavés et tachetés de gris sombre du vacher à tête brune car ces deux oiseaux affectionnent les lisières boisées de conifères près des maisons. C'est ce qui explique la forte décroissance de sa population.

Cardinal à poitrine rose

Le cardinal à poitrine rose arrive chez nous au milieu du printemps. À cette époque de l'année, son chant fait concurrence à celui du merle d'Amérique qui l'a précédé depuis peu. Le match musical est toutefois inégal, le cardinal fignolant plus joliment ses trilles.

Le cardinal à poitrine rose se fait plus discret à l'arrivée de la saison chaude, s'occupant alors de sa famille. Son nid est une petite plate-forme érigée dans les hautes branches d'un feuillu, d'où l'on peut presque voir les œufs à travers les fines brindilles lâchement entrelacées. Seul le mâle vient aux mangeoires, rapportant les provisions pour toute la nichée.

Dès que les oisillons sont prêts à s'envoler, le mâle les invite à se régaler, en compagnie de leur maman, de petites merises à peine rosies. À la fin de l'été, c'est dans les plates-bandes de tournesols que les cardinaux viennent chercher leur pitance.

Grive fauve

Oiseaux chanteurs très doués, les grives sont difficiles à observer. La grive des bois, la grive solitaire, la grive à dos olive et la grive à joues grises ont toutes la poitrine plus ou moins tachetée ou grivelée. Chez la grive fauve, la couleur grivelée est plutôt discrète et c'est la couleur fauve, c'est-à-dire un jaune tirant sur le roux, qui prédomine.

Comme les autres grives, la grive fauve est un oiseau secret qui habite les sous-bois de nos forêts. Si vous essayez de vous approcher, elle se dérobe rapidement au regard. La grive fauve fait son nid dans une souche et se nourrit au sol.

La grive solitaire est la virtuose de la famille. Son chant est une suite de notes cristallines qu'aucun instrument de musique connu ne peut imiter.

Jaseur des cèdres

Edward Forbush, dans son *Natural History of the Birds of Eastern and Central North America,* écrit: «When the Cedar ripens its glaucous blueberries, these beautiful birds are sure to be found there…» Il parle en fait des fruits bleus du genévrier et non du cèdre, et c'est par méprise ou calque de l'anglais qu'on a longtemps appelé ces oiseaux «jaseurs des cèdres». Heureusement qu'on vient de les rebaptiser «jaseurs d'Amérique»!

Vous en verrez peut-être un en plein hiver en train de manger les fruits restés sur les branches de vos arbres. Toutefois, c'est plus souvent l'été que l'on entend le sifflement assourdi mais perçant du jaseur des cèdres. Il s'affiche sous un plumage soyeux et lustré comme de la soie, arbore une huppe qu'il peut abaisser et relever à volonté et, au bout des ailes, des appendices membraneux d'un rouge vif.

Il niche quand bon lui semble, au tout début de l'été ou en plein milieu de la canicule. Quand il se décide enfin à le faire, il ne perd pas de temps: en deux temps, trois mouvements, la tâche est accomplie et les petits sont là.

Même s'il raffole des fruits, il est également un habile chasseur d'insectes. Le jaseur des cèdres aime bien imiter le moucherolle. La silhouette bien droite, il épie les mannes fraîchement écloses qui voltigent au-dessus de l'eau. L'attente n'est jamais bien longue; la proie est rapidement happée. Le manège se répète jusqu'à ce que le jaseur soit littéralement gavé; c'est, en effet, un oiseau à l'appétit gargantuesque.

Moqueur chat

Comme son nom le laisse supposer, le moqueur chat imite à la perfection le miaulement d'un chat. On dirait un félin très fâché qui émet un «miaou» se prolongeant en une longue plainte grinçante. Il faut toutefois être assez près du nid du moqueur chat pour réussir à lui faire lancer cette parfaite imitation.

Moqueur polyglotte

On trouve le moqueur polyglotte principalement au sud de la frontière américaine. Toutefois, il peut arriver qu'un brave de l'espèce monte un tout petit peu plus au nord pour venir s'exhiber chez nous. Il aime parader dans les lieux à découvert et il se moque des observateurs en cherchant à les imiter. Il est d'ailleurs le meilleur virtuose parmi les moqueurs. Sans prendre un seul moment de répit, il répète constamment son petit numéro. On se souvient de lui grâce à ce talent particulier, car ce n'est ni son plumage gris et terne, qui ressemble à celui de la pie-grièche, ni quelques taches blanches dans l'aile qui vous le feront remarquer.

Moqueur roux

Le moqueur roux ressemble beaucoup à une grive dont la queue serait démesurément longue. Avec son dos roux et sa poitrine blanche et beige, fortement rayée, il est fort différent des deux autres moqueurs, à prédominance de gris.

Son cri perçant, mais tout de même musical, attirera peut-être votre attention lorsque vous marcherez le long d'un chemin bordé d'églantines en fleurs. Ces fourrés épais et épineux abritent probablement son nid. Si vous l'apercevez, ne le suivez surtout pas car il tentera de vous entraîner loin de chez lui. Soyez patient, ralentissez le pas, arrêtez-vous un peu, et il reviendra bientôt se faire admirer, car c'est un curieux un brin vaniteux.

Pic à dos noir

Le pic à dos noir porte des dessous blancs rayés de gris noir. Il ressemble au pic tridactyle qui n'a que trois doigts alors que lui en a quatre. Les deux mâles arborent du jaune safran sur la tête.

Le pic à dos noir niche parfois dans une forêt ravagée par le feu mais on en retrouve également dans les fondrières. Si la pruche est en repousse, les chances sont encore meilleures d'apercevoir un pic à dos noir. C'est un oiseau peu farouche, mais il ne recherche pas la présence de l'homme, préférant la discrétion de sa forêt de conifères.

Pic maculé

Le pic maculé ressemble à certains autres pics noirs et blancs comme le pic chevelu ou le pic mineur. Cependant, sa gorge est marquée d'une tache rouge et le blanc de ses parties inférieures est délavé de jaune soufre.

Ses mœurs sont à peu près identiques à celles de tous les pics quand il s'acharne à creuser le bois. Il est toutefois le seul à entailler les arbres à la manière des humains, ce qui lui permet d'en recueillir la sève. Il choisit généralement les arbres d'ornement dans les parcs et les jardins, au grand dam de leurs propriétaires.

Il criblera votre arbre préféré jusqu'à ce qu'il ait l'air d'un gruyère. Il viendra s'approvisionner à la sève dégoulinante, tout comme le colibri. Si vous n'intervenez pas, la croissance de l'arbre sera gravement ralentie ou pire, l'arbre mourra. Pour régler ce problème, placez autour du tronc de longues baguettes de bois de cinq centimètres d'épaisseur; enrobez-les de broche à poulet ou de treillis carrelé n'excédant pas 2,50 centimètres. Le pic maculé n'aura d'autre choix que d'aller se faire voir ailleurs.

116

Grand pic

On ne s'est pas creusé les méninges pour rebaptiser celui que l'on appelait autrefois pic à huppe écarlate et que l'on nomme à présent grand pic. Est-il nécessaire de préciser qu'il est le plus grand de sa famille? Chez les grands pics, le mâle et la femelle se ressemblent, seule la couleur de la moustache les différencie: rouge pour lui, noire pour elle.

Par comparaison avec les autres pics, le grand pic est très farouche. Si vous apercevez dans la forêt un oiseau de la taille d'une corneille qui circule dans les hautes branches des feuillus et qui s'agrippe à la verticale à un arbre, vous êtes certainement en présence d'un grand pic. Vous découvrirez peut-être, au pied de cet arbre, des fragments de bois d'à peu près 10 centimètres. Prenez le temps d'observer les environs, un grand pic y est sûrement à l'œuvre.

Il s'attaque à des arbres apparemment sains, au feuillage encore plein de vie et s'y acharne avec une opiniâtreté étonnante. Sachez pourtant qu'il ne travaille jamais inutilement et qu'il cherche des colonies de larves ou des fourmis charpentières installées au creux de l'arbre. Son ouïe fine sait détecter leur présence. Il n'abandonnera son travail que lorsqu'il aura débusqué tous les insectes.

S'il est au travail dans le secteur, il niche probablement tout près. Notez bien l'endroit car il abritera peut-être un canard branchu l'année prochaine. Le grand pic creuse un nouveau nid tous les ans.

Tangara écarlate

Les oiseaux aux couleurs flamboyantes choisissent souvent de nicher en forêt de manière à se dissimuler dans la verdure. C'est ainsi que le cardinal choisit les conifères, et le tangara écarlate les feuillus. Le cardinal est un petit oiseau rouge à la huppe de la même couleur, portant un petit masque noir; le tangara écarlate est rouge lui aussi, mais ses ailes et sa queue sont noires; le mâle n'a pas de huppe.

Pour nicher, le tangara écarlate recherche une érablière mature ou un bosquet de feuillus géants plutôt clairsemés abritant un sous-bois embroussaillé qui assurera son intimité. Avec la dévastation des forêts que l'on connaît depuis quelques années, inutile de dire que le tangara écarlate est presque disparu dans nos régions. Si vous avez la chance d'en repérer un, retournez dans ce lieu béni par une belle journée ensoleillée et mettez-vous à l'écoute de son chant grave qui se fait entendre tout l'été.

Viréo aux yeux rouges

Le viréo aux yeux rouges est un petit oiseau au dos vert qui ne porte pas de bandes alaires comme quelques-uns de ses cousins. Son plumage est assez quelconque; c'est plutôt son chant qui le différencie des autres oiseaux de sa famille. Lorsqu'il chante, il semble poser des questions et y répondre lui-même avec des notes graves et monotones qui rappellent le chant grégorien.

Il niche dans le territoire qu'il adopte pour chasser les chenilles. On le voit dans les strates supérieures et bien dégagées des terrains boisés à feuilles caduques. Son nid fait penser à un hamac que l'on aurait fabriqué avec des lambeaux d'écorce de bouleau, des lichens et des soies végétales. On y retrouve également ce papier de luxe que certaines guêpes confectionnent pour leur nid.

Au bord de l'eau

Sur cette plage populaire, que des goélands! Ah, ceux-là! Trouvons plutôt une plage isolée, sauvage, peu fréquentée, et c'est un tout autre spectacle. Les espèces nicheuses sont les plus abondantes: des huarts, des canards barbotteurs, des canards branchus…

Hirondelles de mer ou sternes, ces istorlets que chante Gilles Vigneault, survolent les baies où foisonnent les joncs. Ceux-ci abritent râles, poules d'eau et quelques butors. Peut-être aussi un héron. Mais où est donc sa héronnière? Ordinairement dans un sous-bois encombré, marécageux et… impénétrable. Il vaut mieux s'abstenir d'aller y voir de près, car les héronneaux s'accommodent très mal de la présence humaine.

Balbuzard

Lorsque j'étais étudiant, j'ai eu la chance d'observer le balbuzard lors d'un séjour sur l'Île-aux-Basques, en face de Trois-Pistoles. Imposant, il commande le respect. Les autres oiseaux le considèrent toutefois comme inoffensif. Sur cette île, une colonie de hérons nichait même tout à côté de son nid. Régulièrement, l'un ou l'autre des parents apportait la becquée aux petits. J'ai eu l'occasion de voir l'un d'eux s'amener avec une carpe d'une taille impressionnante. Les ailes de l'oiseau ployaient sous le poids de la prise; le balbuzard se laissa choir sur le nid et déchiqueta énergiquement le poisson pour le partager entre les petits affamés.

En voyant cette scène, je me suis rappelé cette histoire que de vieux explorateurs racontaient. Ils affirmaient avoir vu un balbuzard saisir en surface un poisson si lourd qu'il l'avait empêché de s'envoler; devant leurs yeux, l'oiseau s'était enfoncé avec le brochet pour ne plus refaire surface. C'est que le balbuzard doit plier les pattes pour ouvrir ses serres; quand il retend ses pattes, les serres se referment et ne peuvent plus se réouvrir. Ainsi le balbuzard reste prisonnier de sa proie: le poisson tente de s'échapper tandis que l'oiseau veut reprendre son vol; les pattes tendues, il s'enfonce sous le poids du poisson et se noie.

Cormoran à aigrettes

À distance, il est facile de confondre le cormoran avec le huart parce qu'il nage lui aussi avec le corps très immergé. Avant de s'envoler, il patauge laborieusement à la surface, mais quand il prend l'air, il semble vraiment très à l'aise.

Le cormoran vit en société à l'embouchure des grands fleuves et au bord de la mer. Il voyage à la file indienne de son lieu de pêche à son poste habituel, généralement un rocher effleurant l'eau ou un arbre, tout près. On peut l'apercevoir les ailes grandes ouvertes pour qu'elles sèchent.

C'est un pêcheur si habile qu'au Japon, on l'utilise comme auxiliaire: pour l'empêcher de manger les profits, on lui passe un anneau autour du cou.

On ne connaît pas d'ennemis au cormoran et c'est en paix que l'espèce prospère.

Fou de Bassan

La première fois que j'ai mis les pieds sur l'île Bonaventure, le célèbre photographe américain Allan Cruikshank y photographiait les oiseaux. J'étais étudiant et le gardien de l'île m'hébergeait pour une période d'un mois. Dans les hautes falaises, dont certaines atteignent au-delà de 100 mètres, plus de 10 000 fous de Bassan couvaient chacun leur œuf unique. On pouvait s'approcher d'eux au point de les toucher. Quand on leur faisait peur, ils s'affolaient (on les appelle bien des fous, n'est-ce pas?) et cherchaient à s'envoler en sautillant, dérangeant ainsi tous les autres oiseaux. Puis, en se dandinant, ils atteignaient le bord de la falaise d'où ils se laissaient glisser dans le vide. Alors que toute la journée durant, on entendait un tintamarre ahurissant, quand tombait la nuit, un silence de mort enveloppait la colonie.

Bien que chaque couple de fous de Bassan n'élève qu'un seul petit, la colonie a réussi à survivre et à progresser. Elle est en effet quatre fois plus importante qu'il y a quarante ans.

Cet oiseau à la queue et au bec pointus est un habile pêcheur. Sa consommation de harengs, de maquereaux et de capelans est impressionnante. Sa technique de pêche ne l'est pas moins. À plus de 30 mètres au-dessus de l'eau, une centaine de fous tournoient autour du banc de poissons jusqu'à ce que l'un d'eux referme ses ailes à moitié, plonge et ressorte de l'eau avec une proie à demi engloutie. Les pêcheurs gaspésiens en sont presque jaloux, eux qui reviennent si souvent bredouilles de leur pêche à la morue. Faudra-t-il un jour imposer des quotas aux fous de Bassan?

124

Goéland à bec cerclé

Le goéland à bec cerclé est plus petit que le goéland argenté, auquel il ressemble néanmoins beaucoup. Vu de très près, il est facile à distinguer grâce à une bande noire autour de l'extrémité de son bec jaune. On dirait vraiment que quelqu'un lui a passé un anneau autour du bec.

Goéland à manteau noir

Il y a toujours quelques couples de goélands à manteau noir parmi les colonies que l'on retrouve au bord de la mer. Ils sont faciles à reconnaître: ils ont le dos noir et sont plus gros que les autres espèces de goélands.

Les goélands à manteau noir contribuent à maintenir un certain équilibre au sein de la communauté des oiseaux du bord de mer. Alors que les goélands argentés mangent les œufs des sternes qui nichent à proximité, les goélands à manteau noir n'hésitent pas à manger les œufs des goélands argentés. Lorsque l'on fait partie d'une famille de pilleurs, il faut s'attendre à être un jour victime du même délit, du moins chez les oiseaux.

127

Goéland argenté

Les goélands argentés sont des acrobates de haute voltige. Il faut les voir autour des falaises se laisser porter par le vent; on dirait qu'ils se bercent, comme suspendus à un fil. Puis, grâce à un imperceptible mouvement des ailes et de la queue, les voilà qui glissent et laissent le vent freiner leur course! Si une proie se montre à la surface de l'eau, les goélands relèvent les ailes et se laissent choir sur elle. Ils la saisissent et corrigent l'angle de leurs ailes avant que le vent ne les ramène à leur point de départ.

Tantôt gourmets, tantôt gloutons, les goélands argentés tirent profit des environs. Bien installés au soleil, ils attendent que la marée se retire pour aller cueillir oursins, crabes et autres délices de la mer. Toutefois, on les connaît mieux par leur zèle de vidangeurs: ils s'affairent autour des casse-croûte, ne laissant pas le moindre morceau de frite abandonné ou émergeant d'une poubelle à découvert.

Les goélands sont des oiseaux très prolifiques. Les dégâts causés par leurs déjections sont les signes attristants de problèmes bien plus graves.

Guifette noire

La guifette noire, que l'on appelait autrefois sterne noire, fait partie de la famille des sternes. Elle ressemble beaucoup, en plus petit format, à la sterne pierregarin; elle ne porte pas la casquette noire de celle-ci, mais plutôt un passe-montagne noir sur un plumage couleur de nuit.

On la décrivait jadis comme un oiseau des marécages, que l'on voyait rarement sur les grandes étendues d'eau. Est-ce à cause de la disparition des marécages à proximité des habitations qu'on ne la voit plus dans nos parages?

Héron vert

Par son aspect, le héron vert ressemble à un grand héron en miniature. Il est plus coloré mais ses teintes sont plus sombres. Il est d'allure plutôt trapue, se meut sur des pattes courtes et présente un cou marron foncé. Pas plus que le grand héron, il n'aime voyager à haute altitude. Mais contrairement à ce dernier, il niche en solitaire près des petits cours d'eau, des marais ou des marécages. Il recherche particulièrement les fourrés de liards, ces peupliers noirs qui poussent le long des berges. S'il n'en trouve pas, il se contente d'érables à Giguère ou d'autres variétés de saules ou de peupliers. Le héron vert ne quitte presque jamais l'habitat qu'il a choisi pour se reproduire. Les lieux de villégiature conservés dans un état quasi sauvage l'abritent pendant son court séjour ici.

130

Grand héron

On n'approche pas le grand héron, on le surprend. Il tient ses observateurs à distance, en faisant même une condition pour sa survie et son évolution. C'est un chasseur à l'affût qui pêche du haut de ses échasses. Il reste si longtemps immobile qu'il semble méditer. Tout ce qui bouge peut se transformer en proie: un poisson, une grenouille, une libellule… Aussitôt aperçue, la victime est happée. Le cou du grand héron se détend alors, vif comme l'éclair, et le long bec recueille tous ceux qui ont eu le malheur de s'approcher. Si on le dérange, il s'envole lentement, presque laborieusement. S'il doit changer de territoire, il se met à l'aise, le cou replié, la tête enfoncée entre les épaules, les pattes détendues vers l'arrière, et il rame en cadence sans se presser.

Il niche en colonie mais il n'aime pas les intrus qui s'aventurent près de son nid. Si le héron est dérangé, il peut s'envoler et même laisser ses petits sans surveillance, exposés au grand soleil. Il ne retournera au nid que lorsque les envahisseurs auront quitté les lieux.

131

Hirondelle de rivage

Des deux côtés de l'Atlantique, l'hirondelle de rivage maintient ses effectifs. C'est dans les bancs de sable et les falaises abruptes ou dans les sablières qu'elle excave son nid. Si vous voyez une multitude de petits trous qui garnissent la paroi sablonneuse, regardez vers le ciel et vous y apercevrez la colonie tout affairée, comme des abeilles autour de la ruche. Les hirondelles entrent et sortent du nid sans arrêt, mais semblent vivre en paix malgré cet incessant va-et-vient. Tous les insectes à portée de bec servent au repas familial. Les jeunes couples ne délogent personne pour faire leur nid, préférant creuser une nouvelle demeure pour s'y installer.

Même si je ne suis pas propriétaire d'une carrière de sable, j'ai toujours rêvé d'attirer chez moi ces hirondelles à l'aide d'un terrier artificiel que j'ai eu l'occasion de voir en France. Je disposerais de vieux bidons ou des tuyaux sur une couche de terre meuble, laissant l'extrémité de ces objets à découvert, et je compacterais le tout avec du sable. Je n'aurais plus qu'à attendre que les hirondelles de rivage découvrent l'entrée de ces niches modernes très originales!

Huart à collier

Le huart choisit de nicher sur les rives d'un lac sauvage, là où la pente n'est pas trop forte. Son nid se situe toujours à proximité de l'eau. Si le huart surprend une embarcation qui semble se diriger vers son habitation, il plonge et resurgit près du bateau pour attirer le regard de ses occupants et les entraîner loin de sa famille. Le mâle doit surveiller ses petits qui se promènent sur le dos de leur mère pour empêcher que leur duvet ne s'imbibe d'eau et ne mette leur vie en péril. Dans les parcs nationaux, on interdit maintenant l'accès aux lacs où ils vivent afin de protéger les petits.

Pendant les deux mois où le huart vit en eau douce, s'il n'est pas sur l'eau, c'est qu'il se reproduit. Le huart ne peut s'envoler de la terre ferme, où sa démarche est fort malhabile; il n'arrive à décoller que sur l'eau, où il doit courir longuement à la surface en s'aidant de ses ailes. Ses pattes sont placées loin à l'arrière de son corps, ce qui représente un handicap pour avancer sur le sol; toutefois, quand vient le temps de nager, cette particularité en fait un champion. Des pêcheurs à la ligne ont déjà capturé des huarts à plus de 30 mètres de profondeur.

Les lacs sauvages ont à peu près disparu et le huart doit se réfugier de plus en plus loin des contrées habitées. Il ne nous reste plus, en mémoire, que ses cris mélancoliques avant la pluie ou au crépuscule et la réponse sauvage de ses congénères.

Martin-pêcheur

Le martin-pêcheur est un bel oiseau qui chasse en faisant du sur-place au-dessus de l'eau dans le but de repérer les bancs de petits poissons. Puis il plonge rapidement et cueille la proie dans son bec, qu'il s'empresse d'apporter à ses petits.

Son nid n'est pas très accueillant: creusé dans un terrier sur un escarpement de la rive, il s'en écoule un liquide visqueux à forte odeur de poisson pourri. C'est cependant un endroit sûr pour sa famille car personne n'ose s'approcher pour l'évincer. Qui voudrait du matelas d'arêtes où couchent les oisillons? Pour un si bel oiseau, quel taudis!

133

Mouette de Bonaparte

Certains traités ornithologiques ne sont guère précis au sujet des mouettes. On y emploie indifféremment les termes de mouette ou de goéland pour les désigner. Si l'oiseau n'est pas gros, c'est une mouette; s'il n'est pas petit, c'est un goéland! La différence entre les deux serait une question de taille et de… jugement.

Observons-les plutôt dès leur naissance. Pendant leur première année, les mouettes sont marbrées de brun tacheté. La deuxième année, elles grisonnent et, à trois ans, elles blanchissent et prennent ces couleurs caractéristiques de gris et de blanc avec un peu de noir au bout des ailes. Pour leur part, les mouettes de Bonaparte portent un loup noir. Certaines variétés affichent plus de blanc ou plus de noir sous l'aile. Leur bec peut être plus ou moins foncé, certaines ont même le bec rouge. Au cours de l'été, les mouettes se distinguent facilement des goélands par leur tête noire: pas moyen de s'y tromper!

Sterne pierregarin

La sterne pierregarin ressemble à un petit goéland. C'est la plus connue de sa famille et probablement celle que l'on retrouve en plus grand nombre dans notre coin de pays. Elle porte une casquette noire et une redingote gris perle sur des dessous blancs. Son bec est rouge avec le bout noir.

La sterne pêche en groupe, recherchant les bancs de poissons près du rivage. Comme le martin-pêcheur et la crécerelle, elle fait du sur-place: elle pointe son bec vers le bas et, sans crier gare, fond sur sa proie comme une fusée. L'impact est bruyant et bref. Dès qu'elle a avalé son repas, la sterne repart vers une nouvelle proie.

À Balconville

J'ai déjà raconté, dans un autre livre, l'histoire de ce citadin qui ne jurait que par ses moineaux. Il vivait au cinquième étage d'un immeuble jouxté par un arbre géant dont les branches s'étiraient jusqu'à son balcon. Où nichaient les moineaux? Mystère et boule de gomme. Mais c'était chez lui fiesta continue pour les pierrots querelleurs, qu'il ne cessait de gaver de pain émietté. C'étaient «ses» oiseaux.

Les moineaux ne sont cependant pas les préférés de bien des gens. Ils seraient plutôt les indésirables et les parasites qu'on veut éloigner à tout prix. Confrontée à l'invasion d'une horde de moineaux qui rivalisaient avec ses chères hirondelles, une dame fixa le nichoir de celles-ci à la glissoire où s'amusaient ses enfants. Quand ceux-ci y jouaient, les moineaux déguerpissaient, mais rappliquaient dès la fin du jeu. La dame installa donc une vieille poupée au sommet de la glissoire, changeant parfois cet épouvantail nouveau style pour une autre poupée. L'astuce mit fin à l'intrusion des moineaux et les hirondelles purent élever en paix leur nichée.

Bruant chanteur

Le bruant chanteur, notre rossignol local, passe souvent l'hiver avec nous. Au printemps, il manifeste sa joie de vivre et clame son bonheur dès que le soleil réchauffe un tant soit peu le sol. Le mâle s'enivre de musique et, rejetant la tête en arrière, ce fervent amoureux délimite son territoire. Plumes gonflées, ailes dressées, il fait retentir un chant joyeux et plein de vie. Est-ce pour conquérir sa dulcinée ou pour provoquer ses concurrents? Toujours est-il qu'on peut l'entendre encore plus fréquemment dans les jardins de la banlieue lorsque la belle saison s'installe; il ne cesse alors de chanter que pour faire, plusieurs fois par jour, un petit saut dans la baignoire pour ensuite retourner se sécher. Et vite, il reprend sa ritournelle!

Engoulevent d'Amérique

L'engoulevent d'Amérique de ma jeunesse était familier au citadin, qui lui avait donné le nom de «mange-maringouins». Quand j'étais adolescent, mes amis et moi prenions plaisir, par les belles soirées d'été à Montréal, à dénombrer les engoulevents qui pourchassaient les insectes à haute altitude. Nous remarquions que les plus téméraires des oiseaux, ceux qui semblaient vouloir avaler les toits, portaient une tache blanche sous la queue; c'étaient des mâles qui virevoltaient juste au-dessus de leurs compagnes, celles-là occupées à couver chacune leurs deux œufs, déposés directement sur le gravier des toitures.

Le jour, ces soupirants dormaient non loin de leur belle, perchés à cheval sur une branche horizontale. Au crépuscule, les «biips» nasillards retentissaient dans le calme de l'air tranquille et l'on entendait le vrombissement des plumes quand les oiseaux plongeaient vers la cime des arbres pour engloutir quelques insectes. C'est d'ailleurs ce vrombissement, ce bruit de vent au contact des ailes et de la queue, qui leur a valu le nom d'engoulevent.

Les engoulevents ont disparu de nos grandes villes. Le décor et les lieux de nidification sont restés, mais l'oiseau ne revient plus.

Faucon pèlerin

Au cours des années soixante, un grand mouvement de protestation a sauvé le faucon pèlerin d'une disparition certaine. Un puissant insecticide non biodégradable, le dichloro-diphényl-trichloréthane (DDT), dévastait les rangs de l'espèce. Les insectes ingéraient ce produit, le transmettaient aux insectivores qui, à leur tour, contaminaient leurs prédateurs, parmi lesquels les faucons pèlerins.

Les mâles de l'espèce avaient perdu le goût de se reproduire et les coquilles des œufs pondus par les femelles étaient si minces qu'elles se brisaient sous leur poids lorsqu'elles couvaient. Les populations de faucons pèlerins furent décimées. On instaura des programmes de reproduction en captivité pour sauver l'espèce et les pressions populaires entraînèrent l'interdiction du DDT.

Aujourd'hui, plusieurs grandes villes d'Amérique du Nord hébergent leur couple de faucons pèlerins sur la corniche d'un gratte-ciel. C'est tout un spectacle d'admirer ce chasseur et de le voir s'envoler à la rencontre d'une bande de pigeons venus folâtrer à haute altitude! Son vol puissant le conduit rapidement au-dessus de sa proie. Repliant ses ailes en forme de flèche, il se laisse choir à la verticale à une vitesse vertigineuse. Il frappe sa victime avec son talon, toujours le même, et s'en empare en un éclair comme s'il s'agissait d'une plume.

140

Moineau domestique

Arrivé d'Europe au milieu du siècle dernier, le moineau domestique s'est répandu partout en Amérique du Nord en voyageant par train dans des wagons à céréales.

Pour avoir dit beaucoup de mal à son sujet, j'ai souvent été cloué au pilori. On m'a même traduit en justice pour l'avoir chassé. Bien que l'on m'ait jugé innocent, au sens propre ou au sens figuré — mieux vaut en rire —, je garde un goût amer de la présence de cet oiseau dans ma vie.

On peut parler d'omniprésence du moineau domestique. Partout, il prend la place des merles-bleus, des hirondelles noires, bicolores, rustiques et à front blanc. Il évince les migrateurs insectivores et occupe tous les nichoirs que je destine à d'autres. J'hésite maintenant avant d'aller chercher l'échelle pour enlever un nid de moineaux. Je ne sais pas si mon âge peut expliquer cette paresse. Ne serait-ce pas plutôt une forme de tolérance due à une certaine sagesse?

Attirer les oiseaux chez soi

Il peut arriver que, au beau milieu de l'été, les jardins de nos maisons semblent déserts. Où sont donc passés ces visiteurs si assidus, si fringants, si bruyants qui animaient les environs immédiats au printemps? La chaleur moite et accablante et la sécheresse les auraient-elles chassés? Il est vrai que les oiseaux nicheurs sont partis accomplir leur destinée ailleurs, dans des milieux moins fréquentés, mais nos jardins peuvent quand même demeurer des oasis pour bien des oiseaux de passage.

Heureusement, les hirondelles noires demeurent fidèles. Depuis la ponte des œufs en mai, elles ont pris un bon mois pour couver, puis les oisillons se sont prélassés au nid un autre bon mois. Début de juillet, ils se sont livrés à leur vol d'essai, et, dès lors, les départs s'échelonneront jusqu'à la mi-août, et, dans certains cas, jusqu'au début de septembre. Tout au long de l'été, vous pourrez donc observer l'évolution de vos petites familles d'hirondelles: les leçons de vol, les retours quotidiens au nid, où les parents doivent satisfaire les fringales des petits, encore trop maladroits pour assurer leur subsistance en toute autonomie.

Pour garder les lieux peuplés et profiter durant tout l'été de la joyeuse animation d'une faune ailée, il faut bien faire quelques efforts: installer des baignoires et des mangeoires, assurer leur entretien, pourvoir régulièrement les postes d'alimentation de la nourriture la plus appropriée… Ainsi pourrez-vous contempler d'un œil amusé, par exemple, ces chardonnerets jaunes qui, une fois bien repus, s'empresseront d'aller s'ébrouer dans la fontaine que vous aurez judicieusement installée à proximité!

Le jardin d'oiseaux

Viréos, grives, moqueurs, pics flamboyants, sittelles, parulines et moucherolles resteront de fidèles visiteurs si vos arbustes fruitiers peuvent leur assurer la pitance quotidienne qu'ils recherchent et savourent. Ainsi, ces arbustes dont j'ai parlé pour le printemps, amélanchiers, viornes à feuilles d'aulne (ou bois d'orignal) par exemple, et d'autres comme les sureaux rouges, produisent assez tôt des fruits convoités par les frugivores. Ceux qui ont fleuri les premiers distribuent aussi leur manne les premiers. D'autre part, on privilégiera les arbustes qui donnent des fruits d'été, comme le petit merisier et le cerisier à grappes.

Les chèvrefeuilles. Chèvrefeuille de Tartarie, d'Eurasie ou du Canada, voilà des arbustes qui servent, avec plus ou moins de bonheur, à composer des haies. La floraison de la mi-été annonce des fruits, le plus souvent rouges, qui feront les délices de nombre de frugivores jusqu'à l'automne. Carouges et parulines jaunes nichent dans les chèvrefeuilles indigènes, qui offrent aussi un abri de choix, nourriture comprise, pour les jaseurs des cèdres.

Le petit merisier. Cet arbuste, qui peut croître à l'ombre des grands feuillus, connaît une floraison très printanière, et se trouve donc généralement en mesure d'offrir ses fruits, les merises, assez tôt durant l'été. Les jaseurs des cèdres viendront sûrement s'en régaler, après une virée dans les fraisiers et les framboisiers, de même que les cardinaux à poitrine rose, quand les sureaux rouges auront été entièrement dépouillés. Quelques viréos et gros-becs s'en contenteraient bien, eux aussi.

Petit merisier

Les cerisiers. Même s'il est bien court, le temps des cerises, il ajoute une certaine diversité à la pâture des frugivores. Le cerisier à grappes (appelé aussi cerisier de Virginie), le cerisier des sables et le cerisier tardif ne produisent pas tous leurs baies à la même époque; quand la plupart des fruits ont disparu, flétris ou gobés par les oiseaux, on peut encore voir des petites baies noires suspendues aux tiges du cerisier tardif que, à juste titre, on appelle aussi cerisier d'automne.

Les sureaux. Sureau rouge, sureau blanc, sureau doré, que d'histoires on peut raconter à propos de ces arbustes, dont les tiges servaient à fabriquer des sifflets quand nous étions enfants. On connaît aussi les vertus purgatives du sureau… Il faut rendre hommage à cet arbrisseau qui se bat pour prendre sa place où qu'il soit et qui offre lui aussi de généreuses récoltes de petits fruits. Dès que les grappes de fruits rouges du sureau rouge (dont les fleurs sont pourtant blanches) apparaissent, les cardinaux à poitrine rose qui nichent dans les environs se montreront pour venir s'en emparer.

Une baignoire

J'ai mentionné plus haut qu'une baignoire pouvait contribuer à garder quelques oiseaux autour de chez soi. En fait, je dis baignoire, mais je pourrais tout aussi bien dire fontaine ou abreuvoir: les oiseaux ne font pas la distinction. Un simple bac rempli d'eau fraîche peut convenir, mais voici une suggestion destinée à faire plaisir encore davantage aux oiseaux. Il s'agit d'installer à la verticale un tuyau d'arrosage muni d'un embout permettant de contrôler le débit d'eau; on réglera cet embout de façon à ce que l'eau s'écoule goutte à goutte. Les oiseaux aiment le bruit cristallin de la goutte d'eau qui entre en contact avec la nappe liquide.

Cerisier

Sureau

Évitez de placer la baignoire près d'un buisson ou d'une haie, car un chat pourrait y être dissimulé. Installez un bac à sable à proximité de la baignoire; les oiseaux aiment s'ébrouer autant dans le sable que dans l'eau.

Autres mangeoires

Aux mangeoires que j'ai suggérées dans la section sur le printemps, j'ajoute les modèles suivants pour l'été.

L'arbre aux arachides. Il s'agit d'une structure métallique en forme de cône, hérissée de clous vrillés sur le pourtour. Toutes les pièces métalliques sont soudées. Vous plantez des arachides sur les clous, et bienvenue aux sittelles, mésanges et pics! Attendez-vous cependant à la visite de quelques sansonnets, quiscales ou d'autres parasites.

La révolutionnaire pour oiseaux percheurs. Ce modèle est fabriqué à l'aide d'un contenant en plastique muni d'un couvercle vissé; percé de trous, ce contenant servira de distributeur. Il est inséré dans un cadre de bois à tiges verticales qui servent de perchoirs. Vous pourrez ainsi nourrir chardonnerets, roselins, mésanges et sizerins pendant tout l'été; moineaux et sansonnets ne peuvent s'alimenter à ce type de mangeoire.

Double mangeoire pour chardonnerets jaunes. Aux mangeoires, l'un des principaux concurrents du chardonneret jaune est le roselin familier, qui est devenu une véritable plaie. Pour le repousser, je suggère de fabriquer une mangeoire où les ouvertures du distributeur se situent sous les perchoirs, car les chardonnerets jaunes s'alimentent la tête en bas, mais pas les roselins. On commence à nourrir les chardonnerets jaunes en juin, avec du chardon, quand les chardonnerets des pins sont partis. Mais il se trouve que, chez les chardonnerets jaunes, les dominants finissent par chasser les dominés, les empêchant de se nourrir. Quand cette discrimination se produit, il faut installer une seconde mangeoire, celle-là remplie de colza. Ce deuxième poste d'alimentation sera muni de perchoirs au-dessus et au-dessous des ouvertures, de sorte que d'autres espèces d'oiseaux pourront venir s'y sustenter. Et tout le monde sera content!

La jardinière pour colibris. Les colibris sont friands de sucre, pouvant aller jusqu'à consommer quotidiennement l'équivalent de leur poids en sucre. Ce n'est évidemment pas une grande quantité — environ trois grammes —, mais c'est suffisant pour procurer à l'oiseau toute l'énergie dont il a besoin pour intimider ses concurrents ou bourdonner en faisant la cour. Pour attirer

les colibris, on leur offrira donc de l'eau sucrée sur fond de fleurs artificielles éclatantes dans une jardinière suspendue.

D'abord on fabrique de fausses fleurs à l'aide de corolles et de petits tubes comme ceux que les fleuristes utilisent pour y insérer œillets et orchidées; on attache chaque corolle à un tube avec du fil de fer souple. On remplit un panier ajouré de mousse de tourbe, on y plante les tubes, on ajoute quelques feuilles décoratives et on suspend cette jardinière.

Les tubes doivent être remplis d'eau sucrée, disons moitié eau moitié sucre, mais seulement pour commencer. Quand des colibris auront pris l'habitude de venir s'y abreuver, on leur offrira un mélange composé d'une partie de sucre pour quatre parties d'eau et de quelques gouttes de colorant rouge à gâteau. Il faut faire bouillir le mélange quelques minutes et le conserver au réfrigérateur. Évitez de le laisser exposé au soleil plus de deux ou trois jours, car il peut fermenter et surir.

Quelques nichoirs de plus

Un nichoir pour tourterelles. Y a-t-il, à proximité de votre maison, une grosse branche surplombant une de vos fenêtres? Si oui, vous pouvez y installer cette structure de treillis métallique en forme de cône. Vous devez insérer dans le grillage des branches minces et longues que les tourterelles viendront garnir pour y faire leur nid.

Les tourterelles aiment bien coucher à la belle étoile, se contentant d'un support précaire à découvert comme nichoir. Elles peuvent choisir un nid de merle ou de quiscale abandonné comme base.

Un nichoir pour pics flamboyants. Ce nichoir se présente comme un faux tronc d'arbre, muni d'une toiture inclinée. Il est fait de cèdre d'au moins 4 centimètres d'épaisseur, l'habitacle a 30 centimètres de profondeur, et 15 à 20 centimètres de diamètre. L'ouverture, près du sommet, a 65 millimètres de diamètre. Pour attirer les pics, l'inventeur de ce nichoir, l'Américain A. J. Boersma, le remplissait de bran de scie bien compact et mouillé: du gâteau pour le pic chanceux qui s'empressait d'excaver ce tronc providentiel jusqu'à la profondeur désirée pour y nicher!

Un nichoir à ventouses pour bicolores. Réjean Nault, un résidant de Saint-Denis-sur-Richelieu aux prises avec des moineaux qui venaient déranger ses hirondelles nicheuses, a fabriqué un ingénieux nichoir en plastique souple, qu'il fixa à la fenêtre de sa salle à manger. Les hirondelles adoptèrent ce nouveau logis, y pondirent leurs œufs et y élevèrent leurs

cinq petits sans être ennuyés par les moineaux. Avec sa permission, je vous propose ce nichoir original.

Le pendule pour bicolores. Voici une autre trouvaille, destinée à favoriser les hirondelles bicolores. Vous en avez aperçu quelques-unes que vous aimeriez bien héberger, mais il y a ces insistants moineaux dans les parages. Comment attirer les unes et repousser les autres? À l'aide d'une cabane munie d'une entrée à mouvement pendulaire! Le moineau, qui est un oiseau percheur, tentera de s'agripper à cette entrée, mais l'oscillation l'empêchera d'y arriver; l'hirondelle de son côté apprendra à pénétrer dans la cabane sans rien toucher ou presque…

On peut faire varier l'oscillation de l'entrée à l'aide d'un poids réglable situé en dessous. Quand le moineau se présente, le poids est réglé de façon que l'entrée oscille au maximum; si c'est l'hirondelle, il doit être réglé de façon qu'elle puisse osciller seulement d'un à deux centimètres au début, découvrant la seconde ouverture par laquelle l'oiseau peut s'engouffrer. On règle le poids pour que les deux ouvertures soient bien vis-à-vis et l'hirondelle finit par s'adapter à ce curieux type d'entrée.

La Société Hironbec de Saint-Hilaire préconise cet ingénieux dispositif. Dans des milieux urbains infestés de moineaux, les résultats après quatre ans d'expérimentation sont mirobolants: un taux de 85 % de réussite pour les bicolores, et pas un seul moineau n'a réussi à franchir l'obstacle!

Un abri et une fausse cheminée pour martinets ramoneurs. Comme il y a de moins en moins de cheminées pouvant offrir un abri sûr aux martinets ramoneurs, je suggère de fabriquer un abri simple dont l'ouverture se situe au-dessous et de fixer ce refuge sous la corniche d'un toit. Comme nichoir de substitution, on peut aussi construire une fausse cheminée en bois rugeux avec fond amovible muni de charnières.

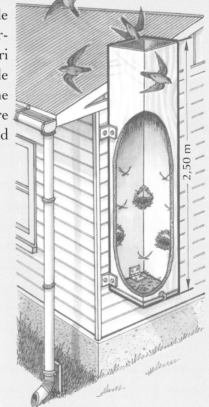

2,50 m

L'automne

**Dernières vacances
à la mer**

**Promenade
dans la forêt colorée**

Le temps d'une chasse

Attirer les oiseaux chez soi

Ils partent les uns après les autres, ils désertent les nichoirs, pour notre plus grande désolation. D'abord les hirondelles bicolores, puis les pourprées. Les orioles aussi se sont envolés. Les geais bleus en ont pour quelque temps encore à grignoter les glands et les faînes que leur offrent les chênes et les hêtres. Les mésanges se pointent le bec aux mangeoires, tandis que surgissent des brûlis les bruants à gorge blanche, en quête de graines que les feuilles tombées dissimulent de plus en plus. Et passent là-haut les grands migrateurs qui, hélas! ne font que de trop brèves haltes.

Dernières vacances
à la mer

Les huarts à collier ont abandonné leur lac sauvage et font route le long des côtes. Mais ils ne sont pas trop pressés et flânent volontiers; peu farouches, ils se laissent observer par les passagers du bateau qui les a approchés. Au large se rencontrent les canards plongeurs, loin des regards, tandis que les becs bleus[1] se rassemblent en grandes bandes dans les battures où ils trouvent aisément leur pitance.

Bécasseau à poitrine cendrée

Plus gros que ses cousins de la même espèce, le bécasseau à poitrine cendrée possède un cou beaucoup plus long et ses pattes sont d'un jaune verdâtre. On l'appelle aussi le bécasseau tacheté à cause de sa poitrine grivelée. C'est un oiseau plus rare que le bécasseau minuscule et le bécasseau semipalmé.

Bécasseau minuscule

Le bécasseau minuscule est le plus petit de la famille des bécasseaux. Il ne dépasse pas la taille d'un moineau, mais sa forme est plus arrondie et il est plus trapu. Il ressemble beaucoup au bécasseau semipalmé quoique son long bec soit

---

1. Petits morillons.

plus effilé et sa queue plus courte. Ses longues pattes sans palmure sont d'un jaune verdâtre. Son plumage est d'un brun grisâtre avec un effet marbré sur le dos alors que ses dessous sont plutôt blancs. À l'automne, ses belles couleurs s'atténuent.

Le bécasseau minuscule voyage en groupe; on le voit jouer en bande sur le bord de l'eau, jacassant continuellement. C'est le moins farouche de la famille; pour l'observer, on peut s'approcher et l'admirer de très près.

Bécasseau roux

Au printemps, on pourrait confondre la femelle du bécasseau roux avec la bécassine des marais si celle-ci n'avait pas un croupion blanc. Le mâle ressemble beaucoup à sa compagne mais il a plus de cannelle sur la poitrine. À cette période de l'année, le bécasseau roux niche dans la taïga, cette forêt de conifères située juste au sud de la toundra arctique. Tôt à l'automne, il fréquente les estuaires et les marais salés, où il revêt son plumage de transition, de couleur grisâtre.

Au moment de la migration, on l'aperçoit occasionnellement à l'intérieur des terres, en terrain boueux, là où l'eau douce est stagnante. Avec son bec deux fois plus long que sa tête, il picore sans arrêt dans la boue à la recherche de vers et de larves. Cette manie de piquer continuellement le sol lui a valu le surnom de «machine à coudre».

158

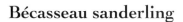

Bécasseau sanderling

Le bécasseau sanderling a la taille de l'étourneau sansonnet. Son bec et ses pattes sont de couleur sombre et contrastent avec son plumage clair. À l'automne, il est vraiment le plus blanc des bécasseaux, en dépit de ses épaules noires.

Après avoir passé l'hiver au Chili, le bécasseau sanderling remonte vers le nord et niche sur les côtes de l'océan Arctique près du Groenland. Les Islandais lui ont donné le nom de «sanderla», qui signifie «habitant des terrains sablonneux». Sa robe est en effet de la couleur du sable.

On peut le voir surtout près du rivage. Il aime jacasser et s'amuser sur les plages, reculant devant la vague qui déferle et la pourchassant lorsqu'elle se retire. Il aime picorer dans le sable, dégustant les petits mollusques et crustacés qui y abondent. Si on s'approche pour l'observer, il s'envole rapidement et se pose une trentaine de mètres plus loin, reprenant aussitôt ses courses folles. Bien rassasié, il somnole, juché sur une patte.

159

Bécasseau semipalmé

De la taille d'un bruant fauve, le bécasseau semipalmé est souvent confondu avec le bécasseau minuscule; il est cependant plus gros et présente une queue noire. S'il subsiste un doute dans votre esprit, observez ses pattes, qui sont noires et semipalmées. Les pistes qu'il laisse sur le sable mouillé aident à l'identifier.

On a pu observer des bandes formées de milliers de bécasseaux semipalmés. Ce sont probablement des jeunes que les adultes surveillent de loin.

Bécasseau variable

Ce bécasseau se caractérise par son plumage bien sûr, comme tous les bécasseaux. Au printemps, vêtu de son costume nuptial, son dos moucheté de brun porte à le confondre avec le bécasseau roux. C'est la tache noire sur le ventre qui le différencie des autres bécasseaux. De plus, son bec noir est incurvé vers le bas.

Il niche dans l'Arctique, là où se produit sa mue: son dos se colore de gris uni laissant ses dessous plus pâles.

Il est de la grosseur d'une grive et son vol en groupe est parfaitement synchronisé. Aucun oiseau ne saurait déranger l'ordre parfait quand se déploie la formation; tous les bécasseaux se posent en même temps, tous amorcent les virages simultanément.

Bihoreau à couronne noire

Le bihoreau à couronne noire fait penser à un bossu qui cacherait son handicap en enfonçant le cou dans les épaules. Son plumage est noir et blanc, et on croirait qu'il est vêtu d'un costume trop grand.

On ne l'aperçoit que par temps sombre; on sait qu'il est là en entendant son «couâc» sonore. Il attend le crépuscule pour s'aventurer sur ses terrains de chasse: marais, marécages, plages découvertes à marée basse dont il arpente les rivages au clair de lune. Il niche parfois près de la mer.

Les jours de plein soleil, il se rend jusqu'à la forêt où il prend plaisir à laisser le temps s'écouler. Il se tient parfois avec son cousin le grand héron. Les anglophones l'appellent «Night Heron», alors que l'étymologie grecque de son nom l'associe à un corbeau de nuit, probablement à cause de sa petite taille.

162

Grand chevalier

Le grand chevalier est un oiseau élancé au long bec effilé; son cou, également très long, est sombre sur le dessus avec des petites taches claires, et plus pâle sur le dessous avec des petites taches foncées. Son croupion blanc est bien visible en vol. Toutefois, c'est le jaune éclatant de ses longues pattes qui saute aux yeux lorsqu'on l'aperçoit.

Le grand chevalier se nourrit dans les bancs boueux à marée basse. Au lieu d'extraire sa nourriture du sable, il utilise ses longues pattes pour aller au large où il poursuit tout ce qui flotte ou nage: petits crabes, crevettes, limaces, petits poissons. Dodelinant de la tête, le grand chevalier exerce une vigilance constante sur son entourage. Moins grégaire que le petit chevalier, il réagit bruyamment si on le dérange. Les chasseurs imitaient jadis son «fiou, fiou, fiou» sonore et retentissant lorsqu'ils voulaient l'attirer dans le ciel à la portée de leurs fusils. Aujourd'hui, il est protégé en tout temps.

Il niche dans les marais de sphaignes où abondent les touffes de joncs et les arbres tolérant bien l'acidité, tels l'aulne rugueux ou certaines espèces de peupliers. Parfois, il s'aventure dans un lieu où poussent les épinettes noires, va jusqu'au bord d'un lac ou encore s'attarde sur les sols sablonneux recouverts de petites flaques d'eau.

163

Petit chevalier

Le petit chevalier est une copie du grand chevalier en plus petit et en plus délicat. Son bec est tout à fait droit, contrairement à celui du grand chevalier, légèrement retroussé.

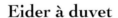

Le petit chevalier et le grand chevalier sont souvent vus ensemble car ils partagent le même habitat. Le petit chevalier voyage généralement en groupe. Au printemps, on le voit à l'intérieur des terres dans sa remontée vers le nord; à l'automne, il s'envole vers le sud en longeant plutôt la côte.

Eider à duvet

L'eider à duvet a le front et tout le bas du corps noirs; seule sa poitrine est entièrement blanche. Il niche le long des côtes rocheuses, en eau salée de préférence, près des rivages herbeux. Il y élève ses petits en paix dans la solitude des grands espaces.

Au temps de la nidification, les femelles arrachent le duvet soyeux de leur poitrine et s'en servent pour tenir les œufs au chaud et les dissimuler à la vue des prédateurs lorsqu'elles s'absentent. Le duvet de l'eider est très recherché; on en fabrique des manteaux appréciés pour leur chaleur et leur légèreté.

Il y a plus de cinquante ans, une colonie de quelque 10 000 couples nichait sur l'Île-aux-Basques, non loin de Trois-Pistoles. Certains habitants de la région recueillaient leur duvet, qui constituait une importante source de revenus. Une année, un froid intense créa un pont de glace entre la terre ferme et l'île; un couple de renards en profita pour traverser le fleuve et peupler l'île. Quelques années plus tard, il n'y avait plus un seul eider à duvet sur ce territoire. La population de Trois-Pistoles se mobilisa pour chasser les carnassiers. En rangs serrés, les villageois traversèrent l'île en frappant sur des casseroles pour refouler les bêtes à la pointe rocheuse de son extrémité. On tua ce jour-là sept renards. Même si le fleuve n'a plus connu pareille gelée par la suite, la colonie d'eiders n'est jamais revenue.

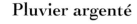

Pluvier argenté

Le pluvier argenté, visible au moment de la migration automnale, fréquente surtout le littoral Atlantique. Son corps est trapu et son cou à peu près inexistant. Alors que sa tête est presque toute blanche, sa poitrine est noire et le bas de son ventre blanc. C'est son dos brillant comme l'argent qui lui a donné son nom. Il se nourrit sur les plages et les grèves.

Pluvier doré d'Amérique

Le pluvier doré ressemble beaucoup à son cousin argenté. Son dos parsemé d'or constitue sa plus jolie caractéristique. On peut cependant les confondre facilement: le pluvier doré est un oiseau sans cou, au ventre complètement noir mais sa tête est plus foncée que celle du pluvier argenté.

Tournepierre à collier

En 1973, l'American Ornithologists Union retirait le tournepierre à collier de la liste des pluviers pour le classer dans celle
des bécasseaux. Pourtant, il a l'air d'un pluvier. C'est un oiseau
très coloré qui siffle comme ce dernier, et, au printemps, son
costume nuptial rappelle indéniablement celui du pluvier:
plumage blanc éclatant, bavette noire attachée par un cordon de
même couleur, dos roussâtre. À son retour à l'automne, la tache
pâle qu'il affiche au croupion lui permettrait de se classer plutôt
parmi les bécasseaux. Alors, avec les traits typiques du pluvier
et une morphologie proche de celle du bécasseau, le tournepierre à collier est-il un pluvier ou un bécasseau?

Le tournepierre à collier adore les limules, des crustacés qui
s'apparentent aux araignées et aux crabes et qui pondent leurs
œufs dans le sable. Près d'un million de bécasseaux, principalement des tournepierres à collier et des bécasseaux maubèches,
se retrouvent chaque année, en mai à la pleine lune, dans la baie
Delaware, au New Jersey, pour un festival de limules.

Promenade dans la forêt colorée

C'est un véritable paradis de couleurs que les espèces de nos forêts abandonnent. L'ocre, le pourpre, le sang-dragon et l'enflammé composent une mosaïque d'une indicible beauté, qui module ses tons quotidiennement au gré des percées de lumière. Mais ces feuilles multicolores sont bientôt emportées par le vent et vont s'accumuler en tas dans les creux et sous les racines.

Tout n'est pas encore silence dans les bois. Si les viréos et les parulines ont quitté les lieux, les grives et les bruants s'attardent encore un peu, toujours affairés à chercher des insectes à dévorer. Ou encore c'est une bande de mésanges, accompagnées de quelques sittelles et d'un ou deux grimpereaux.

Si on a de la chance, on verra quelques roitelets à couronne dorée ou à couronne rubis. Un moment mémorable qui peut être souligné en rapportant un caillou bien brillant en guise de souvenir évocateur.

Bruant à couronne blanche

Le bruant à couronne blanche est vraiment un oiseau de passage, dont les haltes chez nous sont malheureusement trop brèves. Il niche dans la toundra et hiverne… au Texas. En hiver, on peut le retrouver en troupes très compactes dans le parc national de Big Bend, à proximité du Mexique. Les bruants y sont parfois si nombreux qu'il faut faire très attention de ne pas en écraser quand on circule dans le parc en voiture. C'est à croire qu'ils retrouvent dans cette immense steppe aride le décor désertique de leur toundra natale.

Au printemps, ils s'arrêtent à nos mangeoires, en couples ou en petits groupes, discrets et peu bavards; le temps de s'empiffrer, et ils ont repris la route vers le nord. Le scénario se répète à l'automne, en sens inverse. Des visites éclair, dont on regrette qu'elles ne se prolongent pas davantage!

Bruant à gorge blanche

Le bruant à gorge blanche me rappelle ma première rencontre avec le poète Claude Melançon. Je m'étais rendu chez lui et devais le
rejoindre dans son refuge d'oiseaux, sis dans
un sous-bois non loin de sa demeure. J'avan-
çais dans les taillis épais lorsque j'entendis
soudain le bruant siffler. Je lui répondis. Le
chant se rapprocha. Je l'imitai jusqu'à ce que
nous fussions nez à nez, Melançon et moi!

Le refrain du bruant à gorge blanche a agrémenté
l'enfance de beaucoup d'entre nous. Qui ne se souvient
pas du fameux «cache ton cul, Frédéric, Frédéric, Frédéric»?
Au printemps, on l'entend lancer plaintivement les premières
notes claires de son chant dont il semble avoir oublié la fin.
Néanmoins, lorsqu'il revient à l'automne, il fait retentir dis-
tinctement les trois notes du «Frédéric», qu'il répète deux ou
trois fois comme s'il craignait qu'on l'ait mal entendu.

Bruant fauve

Le bruant fauve, que l'on peut voir
au cours des migrations prin-
tanières ou automnales, se
retrouve dans les forêts de
conifères, au bord de l'eau et
en bordure des bois. Doté
d'un plumage de couleur cannelle, il est le plus gros des
bruants. On le reconnaît aussi à
son habitude de gratter le sol avec
une patte, parfois avec les deux. C'est
un oiseau solitaire qui a presque déserté
nos régions.

Gélinotte huppée

La gélinotte huppée, qu'on appelait autrefois perdrix, ressemble à une jolie petite poule grise et brune; le mâle possède une collerette noire et une queue rayée qui s'ouvre comme un éventail. Si vous surprenez la femelle dans un bois au cours d'une randonnée, elle surgira de son nid et s'envolera dans un grand frou-frou d'ailes. On entend souvent le mâle tambouriner sur un vieux tronc couché au sol; on croirait entendre un vieux tacot qui ne réussit pas à démarrer.

Dans mon jeune âge, j'ai accompagné un vieux braconnier dont la technique était des plus impressionnantes. Dans une forêt mixte où les bouleaux jaunes étaient nombreux, nous avancions en silence. Le vieux portait une longue canne de bambou au bout de laquelle il avait fixé une vieille baleine de parapluie et un nœud coulant de la grosseur d'une pomme. Apercevant une gélinotte perchée sur une branche basse d'un bouleau, il lui passa le nœud coulant autour du cou et, d'un geste sec, la tira de la branche; aussitôt, de sa main libre, il lui cassa le cou. Perchées sur les branches plus hautes, les autres gélinottes avaient à peine redressé la tête. Le vieux chasseur répéta son manège à plusieurs reprises. Chaque oiseau lui rapportait 25 cents, une somme importante à l'époque. La chair de la gélinotte est fort appréciée; cuite à l'étouffée avec des fèves au lard, c'est un repas inoubliable.

Grimpereau brun

Agrippé à l'écorce d'un arbre, le grimpereau brun peut passer presque inaperçu tant ses couleurs se marient à celles des troncs où il évolue. Son habitude d'escalader un arbre par petits sauts, en une spirale ascendante, permet de le reconnaître. Arrivé au sommet, il se laisse choir au bas de l'arbre voisin et recommence aussitôt son ascension tournoyante.

Dans un sous-bois où se mêlent grands feuillus et grands conifères, on peut deviner les mouvements du grimpereau. Si on s'approche pour l'observer, il ne s'envole pas, mais se dérobe au regard, s'abritant de l'autre côté de l'arbre, comme pour jouer.

Il y a si longtemps que je n'ai pas vu de grimpereau que je me demande bien s'il joue encore au même jeu.

Junco ardoisé

Le plumage du junco ardoisé rappelle, comme son nom l'indique, les couleurs de l'ardoise; on pourrait croire que son abdomen et son bas-ventre ont traîné dans la neige. On ne le voyait autrefois que dans les forêts de conifères, là où le sol humide était parsemé de buis. Il faisait son nid sous une souche ou sous un tronc énorme qui pourrissait au sol. Seul un observateur à l'œil exercé pouvait parfois réussir à entrevoir le blanc immaculé des deux plumes latérales de sa queue. Dès les premières neiges, le junco nous quittait pour le sud.

Depuis la prolifération des mangeoires, ses mœurs ont légèrement changé. Comme il préfère se nourrir au sol, répandez les graines en dessous de la mangeoire; il vous visitera à l'aller et au retour de son voyage. Quand le beau temps s'installe, ne le cherchez plus; le junco ardoisé a besoin de solitude durant le temps de la nidification.

Mésange à tête noire

Dans le monde des ailés où les seuls survivants sont ceux qui réussissent à s'adapter, la mésange à tête noire est championne toutes catégories. Elle élève ses petits en forêt et se rapproche ensuite des lieux habités afin de s'approvisionner aux mangeoires. Voilà une façon souhaitable de tirer profit du meilleur de la nature et des êtres humains!

Il n'y a pas si longtemps, les mésanges nous arrivaient à l'automne, par petites bandes, accompagnées des roitelets, des sittelles et souvent d'un grimpereau. Tous ces oiseaux recherchaient leur compagnie car les mésanges communiquent continuellement entre elles, que ce soit pour prévenir les autres de

trouvailles intéressantes ou pour les avertir de dangers imminents.

À l'aide de leur bec délicat mais fort robuste, les mésanges creusent vigoureusement les souches pourries pour y établir leur demeure. Pour la garnir, elles choisissent les matériaux les plus soyeux: mousse de sphaigne, duvet, poils et plumes, assemblant ainsi une couche moelleuse qui enveloppera les œufs. Les familles sont nombreuses chez les mésanges: jusqu'à six petits affamés viendront réclamer leur part d'insectes et de graines de tournesol.

Paruline à croupion jaune

La paruline à croupion jaune fait mentir tous les prophètes de malheur qui annoncent la disparition de l'espèce. Sa population progresse nettement, d'autant plus qu'on inclut maintenant dans ses rangs la paruline d'Audubon, plus répandue dans l'Ouest canadien.

Contrairement à ses cousines, la paruline à croupion jaune habite la grande forêt, loin du vacher à tête brune. Comme ce dernier hante plutôt les lieux habités, elle s'en soucie fort peu.

Son alimentation est également différente de celle de ses cousines. Elle a adopté un régime alimentaire qui lui permet de faire face à toutes les éventualités. Dernière à quitter nos latitudes, elle mange les insectes qu'elle trouve dans les petits bois, les parcs, les jardins et le long des routes secondaires. Quand ces bestioles lui font défaut, elle devient granivore et frugivore. Sa capacité d'adaptation n'a pas fini de nous surprendre.

Roitelet à couronne rubis

Le roitelet à couronne rubis de mon enfance se fait de plus en plus rare. On le voyait autrefois lors de chaque migration, accompagné du roitelet à couronne dorée. Je me souviens encore de la fébrilité de cet oiseau: même posé, il bougeait continuellement, ses ailes ne cessant jamais leurs battements nerveux.

Dans les années cinquante, on a cru que le roitelet, grand consommateur de chenilles, allait nous débarrasser de la tordeuse des bourgeons de l'épinette. Hélas! ce minuscule oiseau ayant presque disparu de nos régions, il faudra trouver d'autres moyens pour combattre ce fléau.

Sittelle à poitrine blanche

La sittelle à poitrine blanche est un petit oiseau espiègle au bec retroussé. Elle porte une casquette sombre enfoncée sur l'œil et une cape gris-bleu sur des dessous immaculés. Pas plus grosse qu'un moineau, elle circule sur les troncs, la tête en bas et utilise sa courte queue comme un balancier afin de garder son équilibre. Elle est peu farouche, se laisse approcher et même toucher. On la rencontre à la campagne, dans les forêts de feuillus, en particulier dans les érablières matures, mais elle fréquente également les mangeoires en banlieue. Elle reste très fidèle au territoire qu'elle adopte.

J'ai souvent vu des sittelles s'installer dans l'un de mes dortoirs pour y construire leur nid. Durant cette période, leur chant nasillard se fait plus doux et les deux amoureux ne se

quittent pas d'une semelle. Le silence s'installe pour quelques jours et le mâle vient nourrir au nid son inséparable. Les petits apparaissent et dès qu'ils peuvent voler, les parents leur apprennent à décortiquer les graines de tournesol. À l'automne, le couple se retrouve seul, mais ne quitte pas son territoire. J'héberge un couple de sittelles à poitrine blanche depuis quinze ans. Je suis certain que ce ne sont pas les mêmes oiseaux qui viennent nicher, mais j'ai la conviction qu'ils appartiennent à la famille qui s'y était installée la première.

181

Sittelle à poitrine rousse

La sittelle à poitrine rousse se différencie de sa cousine à poitrine blanche par sa poitrine rouille, sa taille plus menue et son chant plus clair. Je n'ai jamais réussi à en héberger un couple chez moi, bien que mes voisins, assez curieusement, en voient régulièrement à leurs mangeoires.

La sittelle à poitrine rousse préfère les environnements de conifères où les arbres sont matures et de grande taille. Elle les adopte, y trouvant des cavités percées par les pics ou laissées par des branches cassées. J'espère bien qu'un jour mes pins, mes mélèzes et mes cèdres devenus adultes hébergeront les deux espèces de sittelles.

183

Le temps d'une chasse

S'il est vrai que la chasse a pu contribuer à diminuer certaines populations d'oiseaux ou à en éloigner d'autres de nos régions, c'est une activité qui permet de développer avec acuité l'observation des oiseaux et la connaissance de leurs mœurs.

Dans les pages qui suivent, c'est d'une chasse bien différente dont il sera question. Car notre guide n'utilisera ni leurres, ni oripeaux, ni pipeaux, se contentant des huit kilos de son équipement, trépied, téléobjectif, posemètre, filtres et appareil-photo, afin de surprendre nos amis dans leur plus secrète retraite. Armé de patience et pénétré d'une curiosité respectueuse, c'est à la chasse aux images qu'il nous entraînera. Accompagnons-le.

Bec-scie couronné

On compare souvent les becs-scies à des marchands de poissons. D'ailleurs, leur chair goûte tellement le poisson que les chasseurs reposent leur fusil à leur vue. Pourtant, comme tant d'autres oiseaux, ils sont de moins en moins nombreux, bien que les chasseurs n'y soient pour rien.

Il y a près de soixante ans que je n'ai pas vu un bec-scie à poitrine rousse, le plus répandu de sa famille au nord du continent. Je cherche toujours en vain ce canard échevelé à la huppe en broussaille.

Le bec-scie couronné fait également partie des espèces rares. On ne le chasse pas mais ses aires de nidification en cavité se raréfient, comme celles du petit garrot et du canard branchu. Le bec-scie couronné est l'aristocrate de sa famille. Sa grosse tête à la huppe en éventail est étonnante et le mélange de couleurs de son plumage, ocre, noir et blanc, est ravissant. Sa beauté est plus impressionnante encore que celle du canard branchu.

Grand bec-scie

Il est rare que je croise un grand bec-scie lorsque je pars à la recherche des oiseaux de cette famille. Durant la saison de la chasse, on peut toutefois en observer un assez grand nombre dans certaines réserves fauniques où l'espèce est protégée et la chasse interdite.

187

Canard branchu

En 1916, la Grande-Bretagne signait, au nom du Canada, un traité avec les États-Unis en vue de protéger les oiseaux migrateurs. Cette entente protégeait le canard branchu et la chasse en fut interdite entre 1918 et 1941. On prit soin de mettre l'oiseau à l'abri des chasseurs, mais on oublia de le protéger contre les promoteurs immobiliers. Le développement résidentiel entraîna l'assèchement de nombreux marécages où poussaient lentilles d'eau et carex, et le canard branchu se vit ainsi dépouiller de sa subsistance.

Je m'emporte facilement en pensant à celui que j'appelle «ce lambeau d'arc-en-ciel», le plus joli représentant de la famille des canards. Comment oublier cette image des petits canards branchus qui suivent leur mère en hochant la tête à chaque coup de patte?

Canard chipeau

Il est exceptionnel qu'on puisse photogra-
phier au cœur du Québec ce canard gris
doté d'un croupion noir et d'une tache
blanche dans l'aile, comme l'a fait
notre photographe Michel Sokolyk.
On a déjà vu ce canard de l'Ouest
sur les lacs Huron et Érié en Ontario, mais il est extrêmement rare qu'il
s'aventure aussi à l'est. Comme quoi les
oiseaux, libres et coquins, ne sauraient
vraiment se limiter aux régions aux-
quelles ornithologues et autres scientifiques les confinent!

Canard colvert

Le canard colvert, que l'on appelle aussi malard de ce côté-ci de l'Atlantique, a la tête et le cou d'un vert iridescent. Il porte un délicat collier blanc et un plastron marron; ses ailes sont ornées de plumes violacées liserées de blanc.

Le colvert est un barboteur. Il se tient en eau peu profonde où il trouve une bonne partie de sa nourriture. Pour s'approvisionner, il lui suffit de relever son postérieur et de plonger à la verticale, la tête sous l'eau et la queue en l'air. Ce mouvement est facilité par la position de ses pattes arrière. Cet aspect de sa morphologie fait que le colvert, comme les autres canards de surface, se dandine quand il marche.

Il raffole des feuilles fraîchement écloses des plantes aquatiques et plonge jusqu'au fond pour déraciner les jeunes pousses tubéreuses. Il dévore également tout ce qui se trouve en surface: les petits insectes et les larves de maringouins, entre autres.

Il construit son nid au sol près des mares ou des cours d'eau paresseux, le tapissant de brins d'herbe, de joncs et du duvet que la femelle s'arrache elle-même sur la poitrine. Pendant que celle-ci couve ses nombreux œufs, le mâle surveille les prédateurs. Les petits deviennent adultes quand s'achève l'été; à ce moment-là, les parents muent et perdent leurs grandes plumes, appelées rémiges, qui leur permettent de voler. Ils doivent alors se cacher dans les buissons pour survivre.

Canard noir

Le canard noir est en réalité d'un brun chocolat, d'où émerge le blanc éclatant du dessous de ses ailes lorsqu'il essaie de s'envoler. Très farouche, il déteste être dérangé. Par conséquent, il est pratiquement condamné à voler sans jamais se poser. Les chasseurs ont appris depuis longtemps à ne pas s'égosiller inutilement pour leurrer cet oiseau vigilant. Une bande de canards noirs se laisse rarement impressionner par de vulgaires canards de bois.

Le canard noir recherche les régions forestières pour nicher. Dans les étangs de castor, on peut observer les canardeaux pendant qu'ils apprennent à s'extirper de l'eau à la verticale, comme les autres canards barboteurs. Leurs pattes, placées plus en avant que celles des canards plongeurs, facilitent leur envolée à la verticale.

On ne voit presque plus de canards noirs sur nos lacs. Certains observateurs sont convaincus que la chasse, en gagnant des adeptes chaque année, provoquera la disparition de l'espèce à brève échéance. L'accouplement de canards noirs avec des colverts explique aussi en partie la diminution de la population.

Canard pilet

Pour identifier un canard, aucun ornithologue ne saurait se comparer à un guide
de chasse. C'est un chasseur qui m'a
appris à reconnaître le canard pilet, le
«gris» ou le «pintail» comme l'appellent les habitués de la chasse. On peut
dire que le canard pilet a l'allure d'une
bernache, toutes proportions gardées.
Son cou est beaucoup plus long que celui
des autres canards, son plumage est gris et
blanc, et sa queue est effilée comme une aiguille.
Comme tous les barboteurs, le canard pilet fréquente
les marais immenses où abondent les chaumes. Malheureusement, rares sont ceux qui peuvent encore apercevoir ses
formes gracieuses dans le ciel. Pour sauvegarder l'espèce, non
seulement doit-on en interdire la chasse, mais il faut également
protéger les endroits où on le recense encore. S'il n'est pas trop
tard!

Canard roux

Si vous êtes à la recherche du canard roux, rendez-vous dans un grand marais d'eau douce ou sur un grand lac désert situé en grande forêt. C'est dans un pareil décor que j'ai eu le bonheur d'en admirer il y a quelques années.

Par un après-midi d'automne ensoleillé alors que j'errais en solitaire, de petits canards roux ont surgi sur le lac tranquille. Ils étaient une bonne dizaine, la queue en l'air à la manière des troglodytes, et les ailes vrombissantes. Les canards roux ont le dessous et les côtés de couleur rouille, leur tête est noire et le blanc de leurs joues y trace un agréable contraste. Les canardeaux se sont amusés devant moi comme des enfants insouciants, sans même me remarquer, avant de repartir aussi vite qu'ils étaient arrivés.

Canard siffleur d'Amérique

Venu de l'Ouest canadien, le canard siffleur d'Amérique est un magnifique oiseau qui semble de plus en plus apprécier nos régions. Son plumage est un harmonieux mélange de tons pastel. Le mâle a du vert sur la tête, du lilas sur la gorge, et ses ailes sont vertes et blanches liserées de noir. La femelle a une touche d'ocre rosé sur le dos.

Le siffleur est un canard barboteur que l'on voit souvent au large d'un plan d'eau en compagnie d'une bande de canards plongeurs, souvent des morillons. Par petits groupes de deux ou trois, les barboteurs semblent paresser en surface pendant que les plongeurs s'activent. Ceux-ci vont chercher à deux ou trois mètres de profondeur les racines des plantes telle la vallisnérie, ce céleri sauvage qui croît en eau profonde. Aussitôt remontés, les plongeurs se font chiper une partie de leur récolte par les siffleurs.

On peut en déduire que le canard siffleur a les mêmes goûts que les plongeurs. De vieux chasseurs prétendent que les siffleurs jouent les vigiles au sein des groupes: ils surveillent les environs pendant que les plongeurs sont sous l'eau, et ils donnent l'alerte au moindre danger.

Canard souchet

Le canard souchet est surnommé «sarcelle rameuse» par ceux qui habitent les rives des territoires de chasse. On dit du souchet qu'il a les mêmes mœurs que les plus petites sarcelles et que son bec, aussi long que sa tête, est aplati comme une rame. Sa poitrine blanche contraste étrangement avec sa tête d'un noir verdâtre et avec ses flancs, ses côtés et son abdomen, d'un marron tirant sur le roux. Du bleu et du vert se retrouvent sur ses ailes comme chez la sarcelle à ailes bleues.

Le canard souchet est assez commun. Facile à identifier, vous pouvez l'admirer dans les marais immenses où abonde la sauvagine. Vous le verrez probablement en couple, un ou deux à la fois, au milieu de canards d'autres espèces. Alors que ses cousins de la bande s'affairent d'arrache-pied à se nourrir, le canard souchet semble toujours dormir, la tête sous l'aile. En réalité, il est occupé à filtrer sa nourriture dans l'eau vaseuse, ce qui lui impose cette curieuse posture.

Foulque d'Amérique

La foulque d'Amérique et sa cousine la poule d'eau sont des oiseaux de marais aux couleurs d'ardoise foncée. Le bec de la foulque est blanc, celui de la poule d'eau est rouge; celle-ci présente également une bande blanche sur les flancs. De plus, les pattes sont différentes: alors que la poule d'eau a des pattes de poule, la foulque est pourvue de festons membraneux que certains appellent lobes et qui agrémentent ses longs doigts. Grâce à eux, elle peut courir plus facilement sur les herbes immergées.

Comme sa cousine, la foulque d'Amérique niche dans les marais et s'aventure dans les terrains marécageux uniquement pour se nourrir.

Garrot à œil d'or

Le garrot à œil d'or, que les chasseurs appellent «caîlle», est un canard au dos noir et au ventre blanc. Des lignes noires dessinent une échelle à la base de ses ailes. Sur sa tête, une tache blanche de la grosseur d'un 25 cents permet de l'identifier facilement. Ses ailes sifflent lorsqu'il vole, si bien que les chasseurs savent qu'il approche avant même de l'avoir vu.

Ce canard, qui se tient toujours au large, en bandes plus ou moins grandes, se rapproche de la terre ferme lorsque les joncs sont givrés et couverts de glace. Il s'attarde chez nous jusqu'à ce que les lacs soient entièrement gelés. Au moment où les gouttes d'eau commencent à se solidifier sur son bec, il recherche l'eau vive et s'immerge plus souvent pour ne pas se transformer en glaçon.

Je me souviens d'une partie de chasse au garrot particulièrement mouvementée au large du lac Saint-Pierre. Il faisait un vent à écorner les bœufs, les vagues déferlaient et la chaloupe dansait dangereusement. L'eau qui éclaboussait mon ciré gelait instantanément. Les «caîlles» s'en donnaient à cœur joie, volant à fleur d'eau et s'approchant aussitôt lorsqu'on les appelait. Pourtant, je revins bredouille: il était impossible de viser juste avec un vent pareil. Mais quelle belle histoire de chasse à raconter!

Petit garrot

Tard à l'automne, à la fin d'octobre ou au début de novembre, le petit garrot quitte le nord et redescend chez nous. Avec les premières neiges, ce petit paquet de plumes noires et blanches virevolte et tournoie au gré du vent. Son vol erratique lui a d'ailleurs valu le surnom de «marionnette» auprès des chasseurs qui ont eu la chance d'observer son joli manège. Peu grégaire, le petit garrot vit en groupes restreints et fréquente les grands plans d'eau.

Au printemps, plus près du rivage, il fait une cour spectaculaire à sa femelle. Le soupirant se lance vers sa préférée en se laissant glisser sur l'eau comme sur des skis et en prenant soin de bien exhiber le dessous de ses pattes rouges. C'est là l'une des méthodes de séduction les plus originales qu'il m'ait été donné d'observer. Généralement, plusieurs mâles entourent la femelle. Pour décontenancer ses concurrents, chacun plonge à son tour sous l'un d'eux et ressort en s'ébrouant dans un grand éclat d'écume. De folles poursuites s'ensuivent et le manège recommence de plus belle.

Grèbes

Les grèbes habitent principalement l'ouest du continent. Cependant, le grèbe à bec bigarré, le grèbe jougris et le grèbe cornu visitent régulièrement nos régions; le grèbe jougris est particulièrement abondant à l'automne. On les voit dans nos régions jusqu'à ce que les lacs soient entièrement gelés.

Le grèbe à bec bigarré n'a ni le bec fin et pointu de ses cousins du Pacifique, ni leur belle huppe. Son bec ressemble à un bec de poule, mais il a la queue atrophiée typique de son espèce.

C'est un oiseau d'eau douce qui recherche principalement les lacs tranquilles et qui fréquente les marais peu profonds où abondent les touffes d'herbes aquatiques. Si vous le surprenez, il vous entraînera dans une partie de cache-cache. C'est un oiseau timide qui n'aime pas s'exhiber. S'il décide de déguerpir, le grèbe à bec bigarré se renverse la tête en arrière et se laisse couler sous l'eau.

Macreuse à ailes blanches

Les macreuses sont des canards de mer trapus, au cou massif, à la tête volumineuse et au bec protubérant. Les mâles sont noirâtres alors que les femelles et les petits semblent s'être aspergés de suie. Les taches blanches sur les ailes sont très visibles en vol ou lorsque l'oiseau s'agite sur l'eau.

On voit la macreuse à ailes blanches, avec ses cousines à front blanc et à bec jaune, sur les lacs intérieurs ou les grands cours d'eau à l'automne. Elles forment des petits groupes qui volent en rasant la surface de l'eau.

Macreuse à front blanc

La macreuse à front blanc est semblable aux autres macreuses, mais un triangle blanc orne sa nuque et son front. Son bec est plus protubérant que celui des autres oiseaux de sa famille; les tons jaune, noir et blanc font un effet curieux, plus comique que joli. Je me demande encore pourquoi les chasseurs nomment cet oiseau «le sourd».

Petit morillon

Le petit morillon vit sur les lacs isolés du nord du Québec. Seul un guide de chasse chevronné peut distinguer à coup sûr le petit du grand. Les chasseurs l'appellent «cendré» ou, comme le grand morillon, «bec bleu», les anglophones, «White Walls», parce que le mâle a les flancs blancs.

En septembre, le petit morillon, qui arrive du nord, est si peu farouche qu'on peut arriver à le toucher. Pour parvenir à l'approcher, cherchez l'endroit où il s'est alimenté durant la nuit, là où des herbes déracinées flottent à la surface de l'eau. C'est d'ailleurs l'endroit où le chasseur installe sa cache flottante. À l'imitation de son cri, un «qrrr, qrrr» roulé rageusement entre les dents, il surgira devant vous.

À l'arrivée des grands froids, on peut voir une immense bande d'oiseaux s'élancer dans les airs, tourbillonner quelque temps comme pour s'orienter, puis, d'un même élan, démarrer en direction du sud. Les morillons seront de retour au printemps.

Morillon à collier

Alors que les morillons sont généralement noirs aux deux extrémités et blancs au milieu, le morillon à collier est orné d'une bande blanche à la base de son bec. On le voit rarement au large; il se tient près du rivage où il remue la vase à la recherche des tubercules des plantes aquatiques, sa nourriture préférée. Malheureusement, c'est aussi dans la vase que se déposent les plombs des chasseurs, qu'il ingurgite et que son gésier désagrège en miettes. Le foie et les reins engorgés, l'oiseau devient faible et squelettique, et il meurt à petit feu.

Des organismes voués à la protection des oiseaux ont fait pression auprès des gouvernements pour que les plombs soient remplacés par des billes d'acier. J'espère seulement qu'il ne sera pas trop tard.

Morillon à tête rouge

Le morillon à tête rouge, son seul signe distinctif, a l'allure typique des autres canards de son espèce. Il est de passage parmi nous aux temps des migrations.

Râle de Virginie

Comme tous les membres de sa famille, le râle de Virginie porte un caleçon brun cendré rayé de blanc, mais il se distingue par son bec arqué et plus foncé. Il ressemble beaucoup au râle de Caroline; les deux oiseaux ont presque la même taille, mais le râle de Caroline préfère les coins les plus secs des marais comme habitat.

Le râle de Virginie se montre discret: vous l'entendrez bien avant de le voir, surtout la nuit. Il adore marcher sur les joncs flottants et il s'envole seulement quand il ne peut faire autrement. S'il a peur, il préfère courir et se cacher dans les herbes.

Sarcelle à ailes bleues

La sarcelle à ailes bleues est légèrement plus grosse que sa cousine à ailes vertes. Bien qu'elle ait également du vert sur ses ailes, c'est surtout le bleu qui prédomine. Elle arbore cependant un croissant facial blanc. Dès le mois de septembre, elle se prépare à se mettre en route pour rejoindre sa cousine déjà partie vers le sud depuis quelques jours.

Lors d'une excursion près d'un marais, d'une rivière dormante ou d'un étang paresseux, recherchez un endroit où les joncs sont abondants. Bien que le nid de la sarcelle à ailes bleues ne soit pas facile à découvrir, vous pourrez certainement assister à un spectacle aérien inoubliable. Véritables maniaques de la vitesse, les sarcelles foncent au-dessus des joncs, virevoltent et effectuent des virages à couper le souffle. Leur vol acrobatique leur permet parfois d'esquiver le plomb du chasseur.

Sarcelle à ailes vertes

La sarcelle à ailes vertes est, avec le canard roux et le petit garrot, le plus petit de nos canards. Si vous ne voyez que du vert
quand elle ouvre ses ailes, il s'agit bien d'une
sarcelle à ailes vertes. Le vert n'est
cependant pas toujours visible quand
l'oiseau est posé; on reconnaît alors
l'oiseau à sa petite taille, à sa face
brune et à la ligne verticale blanche
devant l'aile. D'ailleurs, je doute
que vous ayez jamais la chance de
voir ce canard assez longtemps pour
observer ses deux ailes en même temps:
l'oiseau est si vite reparti!

Comme sa cousine aux ailes bleues, la sarcelle à ailes vertes
montre des talents d'acrobate. Les chasseurs en auraient long à
raconter sur ce petit canard aux étonnantes pirouettes.
Malheureusement, ces histoires de chasse se font de plus en
plus rares, faute de virtuoses…

Attirer les oiseaux chez soi

Quelle merveilleuse saison de transition! Les jardins ont encore beaucoup à offrir et peuvent encore attirer des dizaines d'espèces. Et si les nichoirs sont désertés et doivent être rangés — et réparés au besoin —, les mangeoires sont autant de relais gastronomiques sur la route des grandes migrations.

Le jardin d'oiseaux

Nous sommes le 21 septembre! Viornes, alisiers, aubépines et cornouillers du Canada regorgent de fruits. Attirées mais farouches, les gélinottes huppées s'approchent prudemment en piétant; quel délice! Elles reviendront soir et matin tant que ce garde-manger providentiel leur offrira sa manne.

Tous les jaseurs des cèdres demeurés dans les parages se donnent rendez-vous dans les cerisiers tardifs, tandis que les moqueurs s'empiffrent dans les cormiers, ces «sorbiers de l'oiseleur».

Certaines années, ce sont des douzaines de merles qui sont venus se gaver dans nos arbustes à petits fruits. Mais leur visite est brève, le temps que durent les roses…

Vous avez des rocailles qui foisonnent de genévriers, de houx verticilés, de raisins d'ours et de thé des bois? Vous avez des tonnelles où vous avez laissé grimper vignes sauvages, lierres et chèvrefeuilles grimpants? Tous les viréos et parulines de passage feront halte chez vous.

Si vous avez eu la sagesse de planter des tournesols, ce sont des grives, des bruants et des pics qui feront escale dans votre jardin.

Et dans les cosmos en graines viendront ripailler les bruants à gorge blanche, les bruants à couronne blanche, les juncos et d'autres espèces plus rares.

Aux mangeoires

Le gâteau des oiseaux. À l'automne, on doit remplacer les arachides par du beurre d'arachide mélangé à du gras animal, à des flocons d'avoine et à de la farine de blé ou de maïs[1]. C'est le «gâteau des oiseaux», qu'on peut servir dans des bûchettes trouées, installées à l'horizontale au seul bénéfice des oiseaux qui peuvent s'agripper. Les trous, percés au-dessous, seront ovales, d'une dimension de 2,5 centimètres sur 3,8 centimètres. Ainsi pourrez-vous nourrir pics, sittelles et mésanges.

---

1. Recette exacte: 1 partie de gras animal, 1 partie de beurre d'arachide, 2 parties de flocons d'avoine, le tout lié avec de la farine de maïs.

L'empale-épis. Sur le modèle de *l'arbre aux arachides* décrit pour l'été (page 146), vous pouvez construire une structure un peu plus grosse et y planter des épis de maïs à vache; vous pourrez alors compter des geais bleus parmi vos amis.

L'anti-écureuil. Vous désirez protéger vos mangeoires contre les dégâts des écureuils? Voici un type de mangeoire dont l'accès est un trou unique; pour décourager les écureuils, la cloison dans laquelle le trou est percé est doublée d'une plaque dont le sommet est incurvé vers l'extérieur. Naturellement, cette astuce s'adapte aussi aux nichoirs.

La mangeoire du pourvoyeur fantôme.
Je vous propose d'autre part une mangeoire qui convient fort bien aux amants des oiseaux trop pantouflards pour sortir souvent, ou trop nomades pour assurer une présence régulière à la maison. C'est un chef scout de La Plaine, André Leclerc, qui a conçu ce poste d'alimentation, impressionnant par ses dimensions. La base fait 50 centimètres sur 40, la hauteur près de 50 centimètres. Le couvercle est une boîte amovible, qui est elle-même une mangeoire.

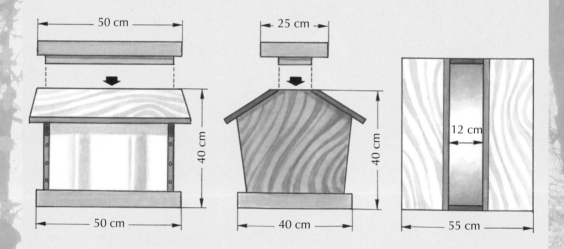

Tous les quinze jours environ, on remplit le contenant principal de quelque 20 kilos de graines de tournesol noir ou rayé, et la boîte qui sert de couvercle de graines mélangées. Si des gros-becs errants se promènent dans les parages, entourez cette mangeoire d'un treillis à mailles fines. Ce poste d'alimentation peut être installé au mois de septembre et il servira jusqu'en avril.

Les dortoirs

L'automne est aussi la période durant laquelle on doit penser à l'hiver imminent. C'est le moment de construire et d'installer un dortoir qui offrira chaleur et protection aux oiseaux hivernants. Et plus l'hiver sera rigoureux, plus vous aurez de visiteurs à vos mangeoires et plus grandes seront les chances de voir votre dortoir adopté en permanence pendant toute la saison.

Chez nous, ce sont des mésanges qui, les premières, ont inspecté notre dortoir. Elles y sont revenues les années suivantes, s'y introduisant à la nuit tombante pour en ressortir aux premières lueurs du jour afin d'être les premières aux mangeoires, avant les sittelles et les geais bleus.

Notre dortoir, il est vrai, est une véritable petite auberge, qui offre tout le confort et le réconfort que peuvent demander des oiseaux. Les murs sont isolés, n'offrant pas le moindre petit interstice par lequel le vent et le froid pourraient pénétrer. L'entrée fait face au sud, et le dortoir est abrité par un tronc d'arbre immense auquel il se trouve accroché.

Comme pour tout nichoir, il faut vérifier souvent pour savoir si des écureuils, des tamias, des polatouches (écureuils volants), des souris des bois ou même des guêpes n'y auraient pas trouvé refuge.

Les dortoirs rustiques. Pour garder pics, sittelles et mésanges dans le voisinage, on peut leur aménager des dortoirs rustiques faits de dosses de cèdre et fixés à des troncs d'arbre. Ces dortoirs ont la forme d'une excroissance naturelle sur un arbre, donnant l'impression qu'il s'agit d'une branche brisée creusée par un «excaveur» naturel. Installez plusieurs de ces dortoirs, un par arbre. Plus il y en aura, plus les oiseaux auront le choix, plus ils seront tentés de venir s'y abriter.

L'abri de fortune. À l'aide de branches mortes et de quelques rondins, dressez un bûcher en pyramide comme si vous deviez faire un feu dans les règles de l'art. Garnissez ce bûcher de branches de conifères et de feuilles mortes, telle une hutte de castor. Cet amas constituera un refuge apprécié par les oiseaux de broussailles et de sous-bois.

L'hiver

Sortie en raquettes

Hiboux au clair de lune

Attirer les oiseaux chez soi

Parfois on l'attend mais il ne se montre pas; parfois il nous tombe dessus sans crier gare. L'hiver est imprévisible. Et on a beau en avoir vécu des dizaines, il y a toujours quelque chose de surprenant quand il se manifeste par une première neige. C'est alors tout le paysage qui se trouve transformé; on dirait qu'on a subitement changé de planète. Il faudra bien nous adapter, mais nous ne sommes pas les seuls; tous ceux que l'instinct n'a pas poussés à prendre le chemin de cieux plus cléments voient aussi leur existence transformée. Les oiseaux ne font pas exception.

Il y a ceux qui restent, il y a ceux qui arrivent aussi. Car on oublie souvent que, pour certaines espèces nordiques, le sud, c'est chez nous, le doux climat, c'est à notre latitude. Et nous sommes d'heureux gagnants de cette migration, car cela signifie qu'on pourra observer de nouveaux oiseaux, qu'on pourra même les attirer chez soi en leur offrant ce qu'ils recherchent le plus: la nourriture.

Les insectivores ont compris que leurs proies préférées ont pris leurs quartiers d'hiver, qu'elles sont devenues inaccessibles. Il y a bien quelques araignées recroquevillées dans les rainures des écorces, des œufs, des pupes et des larves çà et là, qui entretiennent l'espoir d'un renouveau de vie… mais quelle maigre pitance!

S'il subsiste encore quelques rongeurs errants pour susciter la convoitise des carnivores comme le harfang des neiges, beaucoup d'oiseaux devront compter sur la générosité des humains… ou sur leur négligence, tant est forte l'inclination de notre espèce à jeter n'importe quoi n'importe où. La plupart des mésanges, sittelles et pics le savent fort bien et comptent désespérément sur cette ressource. Les bruants hudsoniens qui descendent du Grand Nord accompagnés des sizerins, puis les bruants des neiges viendront aussi s'approvisionner aux mangeoires. Et suivront les geais bleus, les chardonnerets jaunes, les chardonnerets des pins, les gros-becs errants, tous affamés… et assoiffés.

Sortie en raquettes

Certains oiseaux peuvent heureusement se débrouiller tout seuls. Tiens, allons faire un tour en raquettes du côté de ce vieux pommetier. Voici, calme comme un soldat dans sa guérite, un jaseur boréal en train de se délecter des pépins d'une pommette racornie. S'il y a d'autres pommettes, soyez assuré que ce visiteur couleur chocolat au lait reviendra.

Y a-t-il des massifs de pimbinas par ailleurs? C'est plutôt vers la fin de l'hiver qu'il faudra attendre pour aller y voir de plus près, car les fruits ont besoin de geler et de dégeler à quelques reprises pour que leur enveloppe éclate. Quand on aperçoit du rosé dans la neige sous les grappes, il est temps de se mettre à l'affût. Et voici une bande de durs-becs des pins qui rapplique: les mâles, dans leur livrée jus de framboise, les femelles et les jeunes, dans une parure jaune citron, se jettent joyeusement sur ce festin inespéré. Regardez-les extraire la pulpe juteuse, s'en barbouiller les mandibules et se nettoyer le bec en le frottant contre une branche!

Becs-croisés

Les becs-croisés sont des nomades aux déplacements irréguliers qui nichent dans les régions plus au nord. Le bec-croisé rouge et le bec-croisé à ailes blanches aiment bien se retrouver en bandes dans les conifères, de préférence dans les pins sylvestres. Il faut toutefois avoir de bons yeux pour les repérer car ils préfèrent tous les deux la cime des arbres. Pour augmenter la difficulté, le bec-croisé rouge ressemble au roselin familier et le bec-croisé à ailes blanches pourrait être confondu avec le roselin pourpré, sans les deux bandes blanches sur ses ailes. Vous les verrez parfois sous une mangeoire lorsque les cônes des conifères ont disparu.

Bruant des neiges

Le bruant des neiges est ce petit oiseau blanc que l'on chassait durant l'hiver dans les campagnes québécoises. Il était arrivé avec l'automne, venu par bandes innombrables. Diverses méthodes étaient utilisées pour l'attraper: on le tirait parfois au fusil ou on le capturait vivant pour ne pas effrayer la bande. Mon ami Gilles Vigneault m'a raconté que, sur la Côte-Nord, les chasseurs capturaient les «bonéris blancs» au lacet. Ils attachaient des nœuds coulants faits de crin de cheval au maillage des raquettes, épandaient du grain tout autour, et les bruants étaient emprisonnés, dans ces pièges improvisés, par le cou ou par les pattes. Les oiseaux finissaient dans la casserole car leur chair est exquise. Autrefois, certains grands hôtels des Laurentides les proposaient au menu; le nec plus ultra consistait à servir des «snow birds» aux truffes. Cette chasse est désormais interdite.

Les bruants des neiges voyagent en bandes. À la manière des bohémiens, ils ne s'arrêtent jamais très longtemps au même endroit, même si, exceptionnellement, certains hivernent à proximité d'une même habitation. On peut les voir dans les champs en jachère, ne se posant sur la neige que pour dépouiller les graminées sauvages qui émergent de-ci, de-là. Tout à coup, un des bruants lance un cri perçant et après maints tourbillonnements, les oiseaux se reposent dans le clos voisin ou disparaissent comme par enchantement.

Le bruant des neiges niche dans la toundra. Seuls les explorateurs du grand Nord ont le privilège de le voir revêtu de son plumage nuptial: cape noire sur habit d'apparat blanc.

Bruant hudsonien

Le bruant hudsonien, qu'on nommait autrefois soulciet, arrive en même temps que les premiers flocons de neige, délaissant sa taïga natale pour séjourner dans nos régions. Il voyage en petites bandes et hiverne autour des fermes et des maisons de campagne. On croyait jadis que l'installation des mangeoires entraînerait une dépendance qui changerait leurs rituels migratoires. Or, depuis près de vingt ans, des bruants hudsoniens n'ont pas cessé de s'alimenter à mes mangeoires et visitent fidèlement mon jardin durant l'hiver. Et chaque printemps les voit repartir vers le nord pour y vivre leurs amours.

Chardonneret des pins

Le chardonneret des pins est un petit oiseau rayé dont les plumes des ailes et de la queue sont lisérées de jaunâtre. Il s'en prend à tous ceux qui s'approchent de lui, se servant de son long bec effilé comme d'une épée. Quand il attaque un adversaire, c'est du sérieux! D'ailleurs, sa réputation est faite: le roselin, le sizerin et même son cousin, le chardonneret jaune, lui cèdent les meilleures places lorsqu'il se pointe à la mangeoire.

Ses séjours parmi nous sont imprévisibles. Il peut aussi bien être au poste un hiver et disparaître ensuite pour une ou deux années. Fait inusité en ce qui concerne les oiseaux, le chardonneret des pins est un nomade qui n'a pas d'habitat fixe et qui change d'environnement tous les ans. Il n'est pas incommodé par l'hiver; d'ailleurs, dès que le temps s'adoucit, il quitte nos régions pour des cieux moins cléments. Drôle d'oiseau!

Dur-bec des pins

De la même famille que le gros-bec, le dur-bec des pins continue d'être un «Grosbeak» pour les anglophones.
Pour leur part, les francophones lui ont choisi
un nom en accord avec sa morphologie et la
texture de son bec.

Natif des régions boréales, le dur-
bec est un oiseau de la taille d'une grive
dont le plumage est coloré de teintes
d'ardoise, de feuilles mortes et de fram-
boises écrasées. Son chant est un
susurrement étouffé et mélodieux qui égaye
parfois le silence des jardins enneigés.

Quand la nourriture vient à manquer au nord, il
s'amène vers nos régions pour y décortiquer les bourgeons de
ses arbres préférés. Le dur-bec apprécie les arbres matures,
plus particulièrement les érables argentés, les érables rouges et
les frênes rouges. Au cours des derniers jours de l'hiver, on le
voit aussi dans les pimbinas dont il se gave des fruits.

Étourneau sansonnet

L'étourneau sansonnet fut introduit en Amérique du Nord à la fin du siècle dernier, et c'est dans les années trente que j'en vis un pour la première fois. C'est un oiseau au plumage noir moucheté de blanc, avec un bec jaune qui noircit en hiver; ses pattes sont rougeâtres et sa queue est courte et carrée. On le voit souvent en bande.

Bien que ses déjections causent des problèmes sérieux aux immeubles, ce n'est pas là le principal reproche qu'on peut lui adresser. À cause de lui, de nombreuses espèces d'oiseaux ont quitté les abords des maisons pour se réfugier loin dans la forêt. L'étourneau sansonnet s'est approprié tant de nids de nyctales, de petits-ducs et de moucherolles huppés qu'on ne voit presque plus ceux-ci nicher dans nos jardins. Tous les nids en cavité qui abritaient une année des pics, l'année suivante des merles-bleus, ont été récupérés par les sansonnets, qui, dans nos régions, n'ont pas appris à migrer.

L'étourneau sansonnet est un oiseau qui soulève la controverse. Certains pays voudraient bien l'ajouter à la liste des oiseaux protégés, alors que d'autres insistent sur les dégâts qu'il cause pour qu'on les autorise à lui donner la chasse.

Geai bleu

Il n'y a pas si longtemps, les chasseurs détestaient le geai bleu. Ils avaient beau utiliser toutes les ruses possibles pour se terrer silencieusement dans leurs caches, leur présence était aussitôt signalée par un geai bleu qui alertait tout le voisinage en criaillant de sa voix de crécelle.

En ce temps-là, le geai bleu vivait loin dans la forêt. Il habitait de préférence là où les hêtres et les chênes lui fournissaient leurs fruits abondants. Aussitôt rassasié, il remplissait de provisions sa poche jugulaire pour la vider un peu plus loin et cacher cette récolte dans le sol. Bien sûr, il ne retrouvait pas tous ses trésors; on ne saura jamais le nombre de forêts regarnies grâce à cet oiseau qui plantait des arbres.

De nos jours, on apprécie le geai bleu. Il s'est approché des milieux habités et vient se nourrir aux mangeoires. Il les fréquente lorsqu'il a épuisé ses provisions de glands et de faînes, mais là, il se croit roi et maître. Si l'on veut limiter son accès aux mangeoires, il faut recourir à toutes sortes de ruses: distributeurs de graines qui se ferment sous son poids, entrées à espace restreint, broche à poulet… Ces dispositifs provoquent immanquablement ses hauts cris.

Cependant, quand se manifeste l'appel des amours, son chant retrouve une agréable douceur. Il retourne alors à sa forêt et redevient très secret.

Geai du Canada

Si on le compare au geai bleu, le geai du Canada est un oiseau silencieux, ses petits cris étant à peine audibles. C'est un oiseau prévoyant; on le voit souvent cacher de la nourriture en prévision des mauvais jours. Peu farouche, il adore le lard et le jambon au point de transporter dans son bec des morceaux qui l'alourdissent et freinent son envol.

On sait qu'il pond à la fin de février, car on le voit parfois en avril se déplacer avec ses petits. Il m'est difficile de confirmer cette hypothèse puisque je n'ai jamais vu son nid. Je présume qu'il se trouve dans les conifères.

Grand corbeau

Le grand corbeau est un oiseau altier, épris de liberté, distant même, solitaire et casanier. Il est entièrement noir, du bec à la queue, et ses plumes sont effilées comme celles qu'on utilisait autrefois pour écrire. Il niche toujours seul dans son coin. Même ses petits ne peuvent s'approcher de son territoire: il les repousse dès que leur apprentissage est terminé.

Serge Deyglun, qui fut l'un de nos plus brillants chroniqueurs naturalistes, aimait raconter ses aventures avec son ami le corbeau. Lors de ses randonnées en forêt, il emportait des provisions de nourriture, souvent des restes de table. Il s'assoyait sur un grand cap rocheux ou sur une falaise abrupte en montagne, et là, il attendait le corbeau qui nichait au creux d'un grand rocher. L'oiseau ne se faisait pas prier et son croassement guttural annonçait son arrivée. Serge s'immobilisait, espérant une rencontre en tête à tête. Le corbeau s'avançait, curieux, dilatant ses paupières, et s'approchait si près que Serge aurait pu le saisir. Il lançait alors des petits cris semblables au tintement d'une clochette, comme s'il avait voulu communiquer quelque chose. Serge lui adressait alors un clin d'œil et le corbeau exécutait deux petits bonds avant de s'envoler. Il n'allait jamais bien loin, rappliquant pour recommencer le jeu.

Gros-bec errant

Le gros-bec errant, qu'on appelait autrefois gros-bec à couronne noire, a une réputation de vagabond. On croyait jadis qu'il ne chantait que le soir comme le suggère l'adjectif latin *vespertina* de son nom scientifique; les anglophones le nomment d'ailleurs «Evening Grosbeak».

Originaire de l'Ouest canadien et arrivé dans nos parages au début du siècle, il fréquente les régions où pousse l'érable négondo, aussi appelé érable à Giguère ou érable du Manitoba. L'oiseau a-t-il amené l'arbre, l'arbre a-t-il entraîné l'oiseau? On peut émettre l'hypothèse que le gros-bec errant a aidé à propager l'érable négondo par ses déjections. Une chose est sûre, ce ne sont pas les paysagistes qui ont donné sa chance à cet arbre peu esthétique à la croissance désordonnée. Le gros-bec ne le recherche pas non plus pour sa beauté mais plutôt pour ses fruits abondants, les disamares. Le gros-bec se délecte également des fruits des cerisiers à grappes, enseignant à ses petits comment extraire les amandes des noyaux de cerise.

Dès que le gros-bec se présente à la mangeoire avec sa bande, tous les autres oiseaux en sont évincés. Il faut alors installer des mangeoires ceinturées de broche à poulet si l'on veut que les plus petits — sizerins, chardonnerets, mésanges, roselins et sittelles — continuent de visiter nos jardins.

231

Jaseur boréal

Le jaseur boréal ressemble au jaseur des cèdres; comme lui son plumage est soyeux, sa huppe abaissable et les appendices membraneux qui ornent le bout de ses ailes sont rouges; mais il est plus gros et ses sous-caudales sont marron, alors qu'elles sont blanches chez le jaseur des cèdres. C'est un vrai gitan: nul ne peut prédire à quel moment précis on le verra dans nos régions. L'hiver est le seul moment de l'année où l'on peut admirer ce visiteur venu de l'Ouest. S'il trouve sur son passage un pommetier garni de ses fruits, il y séjournera tant qu'il y trouvera de quoi se restaurer.

Perdrix grise

Les chasseurs n'ont pas fait que des mauvais coups; ce sont eux qui ont introduit en Amérique du Nord ce gibier originaire de l'Europe. La perdrix grise ou «perdrix hongroise» fait partie de la famille du faisan. Le mâle porte un U marron à l'envers sur le bas de la poitrine et sa queue est rougeâtre. La perdrix est si peu farouche que vous pourrez l'attirer dans votre jardin si l'hiver est particulièrement rigoureux. Elle vous rendra visite par petits groupes d'une douzaine d'oiseaux, surtout si la mangeoire est placée à proximité d'une rangée d'arbustes qui peut servir d'abri pour se dissimuler.

La perdrix grise est un oiseau qui fait preuve de sagacité, héritage que lui a légué son cousin le faisan. Si elle vous détecte, elle se rebiffe, ne vous permettant pas de s'approcher d'elle. Un claquement d'ailes et quelques gloussements, et voilà qu'elle s'éloigne en se laissant planer à faible altitude! Si vous vous approchez à nouveau, elle répétera son manège et vous entraînera loin, parfois jusqu'au village voisin. Le lendemain, elle aura choisi un nouveau territoire.

Pic chevelu

Le pic chevelu est un oiseau au ventre blanc qui porte une cape noire tachetée de blanc. Son bec est presque aussi long que son crâne. Les mâles présentent une tache rouge à l'arrière de la tête.

Le pic chevelu délimite son territoire en tambourinant sur les arbres; ses talents de chanteur sont trop minces pour lui servir à revendiquer quoi que ce soit, pas même le cœur d'une belle. Il utilise également ce martèlement pour se nourrir, trouvant une grande partie de sa nourriture sur les troncs. Il choisit généralement des trembles ou des peupliers secs pour nicher. Rares sont ceux qui aimeront l'entendre, de grand matin, jouer de la batterie sur la cheminée de leur maison.

Si le pic chevelu dispose d'un territoire assez grand, on peut le voir tout au long de l'année. L'hiver, il viendra s'approvisionner à la mangeoire, même si c'est un oiseau plus gêné et plus farouche que son petit cousin, le pic mineur. Il retournera ensuite nicher à la lisière de la forêt. Le pic chevelu est malheureusement victime de l'étourneau sansonnet, qui lui chipe trop souvent son nid.

Pic mineur

Le pic mineur est une copie miniature du pic chevelu dont il a apparemment conservé le pauvre chant. Son territoire est de moins grande dimension que celui de son grand cousin. Pour creuser son nid, l'oiseau choisit des arbres au tronc petit et se contente souvent de branches horizontales dont le diamètre n'excède pas 15 centimètres.

Comme son cousin, le pic mineur demeure sur son territoire durant toute l'année s'il dispose d'une quantité suffisante de nourriture et si on le nourrit à la mangeoire. Le pic mineur est un oiseau peu farouche et assidu près des maisons. Mais lui aussi est victime d'un parasite répandu, le moineau domestique.

Pie-grièche grise

Cet oiseau de la grosseur d'un merle est facile à identifier: il a le dessus grisâtre, le dessous blanchâtre, et ses ailes et sa queue sont noires. La pie-grièche grise a des barres transversales d'un gris effacé sur la poitrine. Elle et sa cousine, la migratrice, portent toutes les deux un masque noir.

La pie-grièche grise nichait autrefois dans les cenelliers qui poussaient sur les terres incultes. Aujourd'hui, il est rare que l'on y découvre des nids.

L'oiseau se présente parfois aux mangeoires lorsque les sizerins, les mésanges et les roselins y festoient. Survolant la troupe comme un hélicoptère, il oscille à gauche et à droite, tentant d'évaluer la réaction de ses proies potentielles. Il émet de petits cris tel un mauvais génie qui veut impressionner ses pauvres victimes. Il semble hypnotiser l'oiseau sur lequel il a jeté son dévolu. Celui-ci est comme pétrifié et c'est un miracle s'il réussit à échapper au bec crochu de son prédateur.

Pigeon biset

Jadis recherché pour sa chair et comme mets de choix, le pigeon biset s'est répandu partout à travers le monde. Chez nous, c'est un oiseau qui ne craint pas l'hiver. On trouve des nids un peu partout, même quand une épaisse couche de neige recouvre le sol. On aperçoit souvent des pigeons sur les corniches des édifices à proximité des parcs, où on les nourrit de pain à l'année longue, sous les ponts et près des silos.

Quand ils adoptent un bâtiment ou un monument, ils sont pour ainsi dire impossibles à déloger. Les dégâts causés par leurs déjections sont insidieux mais indéniables. Même la pierre n'y résiste pas.

Aux mangeoires, le pigeon biset n'est guère plus apprécié; plusieurs amateurs d'oiseaux le considèrent comme un fléau.

Si on retrouvait le goût de sa chair, si on lui réservait de nouveau une place dans nos menus, ce serait sûrement une façon avantageuse d'éliminer les problèmes causés par sa présence dans nos villes.

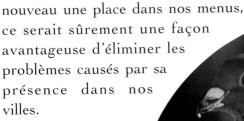

Pygargue à tête blanche

De la taille d'un aigle royal, le pygargue adulte est tout noir avec la tête et la queue blanches; le jeune est brun. Si vous connaissez l'emplacement d'un vieux nid de pygargues fréquenté par le même couple depuis de nombreuses années, vous êtes parmi les rares chanceux qui ont pu observer cet oiseau dans sa demeure. Sinon, c'est probablement en vol que vous le découvrirez.

Au 18e siècle, le Congrès américain a adopté le pygargue à tête blanche comme emblème national des États-Unis. Benjamin Franklin, le célèbre homme d'État, s'y opposait avec acharnement: «Ce bel oiseau a l'air noble, protestait-il, mais c'est un charognard et un voleur!»

Lors d'une excursion de pêche sur la glace, vous pouvez l'attirer en jetant près du trou les poissons que vous ne souhaitez pas conserver: crapet, loche, barbu, etc. Le pygargue a la vue perçante. Il détectera la présence de la chair fraîche et viendra plus près pour satisfaire sa curiosité. Un festin pareil le rendra heureux.

Le nombre de pygargues a diminué de façon importante depuis quelques années. Le privilège de le voir risque de disparaître si on ne continue pas de lui installer des plates-formes pour qu'il puisse y élever ses petits.

Roselin familier

Le roselin familier ressemble beaucoup à son cousin, le roselin pourpré. Toutefois, son plumage vermillon est plus concentré sur la gorge, la poitrine et le croupillon que sur le dos. Provenant du sud-ouest du continent et relâché dans l'est des États-Unis, il s'est propagé dans nos régions, où il a rejoint son cousin avec, dans ses bagages, des différences importantes de comportement.

Premièrement, c'est un oiseau grégaire; il partage même sa niche écologique avec le moineau domestique. Il a donc appris à se défendre. De plus, il niche n'importe où: maisonnette d'oiseaux, corniche, gouttière, enchevêtrement de plantes qui s'accrochent au creux des arbres, nid abandonné d'hirondelles, de carouges ou de merles. Malgré cette multiplicité de choix, il est très discret sur l'emplacement exact de sa demeure. On le voit souvent à la mangeoire avec ses petits, mais rares sont ceux qui peuvent se vanter d'avoir vu son nid. Occasionnellement, un roselin imprudent fera son nid au vu et au su de tout le monde, comme le prouve un nid que j'ai découvert un jour dans une jardinière suspendue sur ma galerie.

Roselin pourpré

Le roselin pourpré est un cabotin. Toutes les pitreries sont bonnes pour attirer la belle qu'il souhaite conquérir. Comme le merle-bleu, il joue au casse-cou aérien, multipliant les culbutes pendant que retentit son chant. Cette mélodie est si belle qu'elle lui a valu la réputation de l'oiseau le plus doué d'Amérique. Sa cour se termine au pied de sa conquête. Observons-le dans sa livrée rutilante: on dirait qu'il s'est baigné dans du jus de framboise et que le liquide a séché sur son dos, ses ailes, ses flancs et sa poitrine.

Le roselin pourpré a à peu près disparu de nos régions, et il semble avoir été remplacé par le roselin familier, venu du sud-ouest des États-Unis.

Sizerin flammé

Henry David Thoreau a écrit: «Si le Créateur a créé la froidure, il a aussi pensé à nous donner le sizerin aux tons chauds.» On nous disait autrefois que Monseigneur l'Évêque avait prêté à cet oiseau sa calotte pourpre et que la pluie l'avait fait déteindre sur sa poitrine en teintes de rose fanée.

Le sizerin flammé part vers le sud dès que les premières neiges recouvrent sa toundra natale et il arrive dans nos régions quand l'hiver y est déjà bien engagé. Chemin faisant, il prend le temps de grappiller des graines d'aulne et de bouleau. Il apparaît aux mangeoires parfois aussi tard qu'en janvier; quelquefois un sizerin blanchâtre l'accompagne. Certaines années on le trouve en abondance, d'autres années il est absent.

Le millet blanc et les graines de tournesol font son délice. C'est un oiseau très sociable qu'on peut attirer dans sa main en lui offrant ses graines favorites. Si l'hiver est trop court, il retourne vers la toundra dès que se calment les dernières bourrasques.

Tourterelle triste

Cousine de la tourte, un oiseau aujourd'hui disparu[1], la tourterelle triste niche autant dans les conifères que dans les feuillus. C'est le mâle qui choisit l'emplacement du nid et qui va chercher les matériaux qui servent à le construire. La femelle s'acquitte elle aussi de cette tâche, mais le résultat n'est pas une merveille d'architecture. La structure est à peine achevée qu'elle s'installe pour pondre ses deux œufs, jamais plus, jamais moins. Pendant quinze jours, le couple couve en alternance, la femelle la nuit et le mâle peu après le lever du soleil.

Les tourterelles nourrissent leurs petits en régurgitant du lait prédigéré dans leur bec. Si l'un des oisillons n'est pas assez fringant, le parent pompe le liquide et le déverse dans le bec grand ouvert. Un mois plus tard, on peut voir la petite famille au champ grappiller de-ci, de-là, récoltant également du petit gravier qui les aide à broyer les graines dans leur gésier.

Tant que dure la belle saison, les tourterelles se reproduisent: une, deux, trois et même cinq fois durant une même année. Un bon nombre émigre vers le sud à l'automne mais, depuis la prolifération des mangeoires, plusieurs choisissent d'hiverner ici.

---

1. En une occasion, le célèbre Audubon estima qu'une seule troupe de tourtes comptait plus d'un milliard d'oiseaux. «La troupe voyageait à train d'enfer sur un front de plusieurs milles, passant pendant des heures en obscurcissant le ciel, racontait-il. Un coup de fusil tiré au jugé en abattait presque autant que les plombs contenus dans une cartouche. (…) Suggérer d'arrêter ce massacre provoquait des risées.» (*Scènes de la nature dans les États-Unis*, volume 1, pages 198 à 207.) La dernière tourte mourut en captivité au jardin zoologique de Cincinnati au début de notre siècle.

Hiboux au clair de lune

Les hiboux sont des oiseaux fascinants, qui ont toujours exercé un attrait particulier sur les humains. Oiseau de malheur ou de mauvais augure pour les uns, rapace admirable pour les autres, le hibou a donné lieu à un grand nombre de superstitions. Il est un symbole de solitude et de mélancolie, et, selon certaines traditions, il est perçu comme le messager de la mort: «Quand le hibou chante, l'Indien meurt», dit un proverbe maya. Je suis plutôt, pour ma part, du côté des admirateurs: quel regard, quel port de tête, qu'il est étrange et beau le hululement, et quel chasseur!

Chouette épervière

La chouette épervière a la queue allongée typique des éperviers et imite à merveille leur façon particulière de se poser sur les branches. Son masque blanc bordé de noir la classe indéniablement dans la catégorie des chouettes diurnes. Pour bien l'identifier, comptez le nombre de bandes horizontales noires sur sa poitrine blanche. Il devrait y en avoir autant sur son dos noirâtre. La chouette épervière n'est pas farouche et se perche très près de son observateur. Mais c'est un oiseau qui se fait tellement rare maintenant qu'on risque bientôt de ne plus pouvoir en identifier un seul spécimen.

Chouette lapone

C'est en Ontario, durant l'hiver 1947, que l'on recensa les deux premières chouettes lapones au pays. L'événement fut fort commenté à l'époque: on croyait qu'il s'agissait d'un spécimen d'Eurasie égaré sur sa route migratoire. Certains prétendirent même que les Lapons avaient fait fuir les chouettes pour protéger leurs troupeaux de rennes, plus particulièrement les jeunes rennes. Ces histoires relèvent du folklore.

Il faut dire que la chouette lapone est assez impressionnante: elle est dotée d'un imposant disque facial qui comporte de multiples cercles autour de tout petits yeux jaunâtres. Comme elle chasse le jour, on peut la voir perchée sur des piquets de clôture ou sur des petits arbustes en terrain découvert, là où le paysage lui rappelle probablement sa taïga natale.

Ses visites dans nos régions sont sporadiques. Un hiver, la chouette lapone est là; l'année suivante, elle n'y est pas. On a parfois l'impression, en l'apercevant, qu'elle n'est pas au meilleur de sa forme, son plumage paraissant démesurément grand pour son corps. La chouette lapone est le plus grand de nos rapaces nocturnes; pourtant, le grand-duc et le harfang sont plus lourds.

Chouette rayée

La chouette rayée est assez semblable à la
chouette lapone, mais elle est plus petite
et ses yeux sont foncés plutôt que jaunâtres. En adoptant nos régions tem-
pérées, on dirait qu'elle a rouillé au
soleil. Sur sa poitrine, elle arbore des
rayures rousses horizontales; sur son
abdomen, les rayures sont tracées à
la verticale.

Elle fréquente les grands bois et
ne les quitte jamais. Elle y niche, y
chasse, y écoule sa vie sans migrer.
Imitez son cri et elle viendra se poser
sur les branches les plus basses de
l'arbre voisin avec une dextérité sur-
prenante. Lorsqu'elle choisit un endroit
pour nicher, c'est pour longtemps. Année
après année, vous pourrez la retrouver, fidèle à
son arbre.

Grand-duc d'Amérique

Le grand-duc d'Amérique avait bien mauvaise réputation au début du siècle. Dans son livre *Les oiseaux de la province de Québec*, publié en 1906, C. E. Dionne écrivait: «Le grand-duc est un grand destructeur d'oiseaux domestiques, il en tue souvent plus qu'il ne peut en consommer, se contentant presque toujours de ne manger que les têtes.» En 1922, P. A. Taverner, dans *Oiseaux de l'Est du Canada*, mettait la population en garde contre les ravages causés par le grand-duc, «qui chasse gibier, volaille, autres oiseaux, etc.». Il suggérait même de lui faire la guerre dans le but de l'éliminer complètement. D'ailleurs, à cette époque, tous les fermiers gardaient un fusil dans leur poulailler; tout ce qui était plus gros qu'une poule et qui s'approchait un tant soit peu de la basse-cour perdait rapidement le goût et la capacité de voler. Comprenant que sa sécurité était menacée près des habitations humaines, le grand-duc a peu à peu regagné le fond des bois.

250

Harfang des neiges

Au Québec, on compare volontiers la splendeur immaculée du harfang des neiges à notre décor d'hiver. C'est ainsi que cet oiseau circumpolaire est devenu notre emblème aviaire. Les harfangs des neiges passent la majeure partie de leur vie dans la toundra arctique. Quand la population de lemmings diminue, ce qui arrive périodiquement, les harfangs descendent au sud, tant en Europe et en Asie qu'en Amérique.

Le harfang des neiges a inspiré mon âme de poète:

> *Fantomatique évanescence,*
> *Vision d'un monde lunaire*
> *Dans ce pays de l'hiver, erre*
> *Énigmatique en ton silence.*

253

Petit-duc maculé

Le petit-duc comme le grand-duc sont des nicheurs sédentaires. Les anglophones appellent le petit-duc maculé «Screech-Owl», c'est-à-dire hibou au cri perçant. Pourtant, Taverner a écrit: «... le chant de cet oiseau est mélodieux et agréable avec une note mélancolique et n'a rien de dur ni d'irritant. Son cri le plus ordinaire est un long sifflement doux et chevrotant sur un ton uniforme ou une gamme descendante. Parfois ce sont des fredonnements ou glouglous ou autres notes tranquilles et familières.»

Autrefois, j'aimais bien me promener dans les cimetières où se dressaient encore de grands arbres centenaires. J'imitais le cri du petit-duc maculé et, à coup sûr, un ou deux de ces oiseaux venaient se percher près de moi, presque à la portée de ma main. Souvent ils se présentaient en même temps sous leurs deux couleurs de plumage: roux et gris. Les petits-ducs sont si peu farouches qu'on peut s'en approcher facilement.

Je retourne visiter de moins en moins souvent ces champs de repos, qui connaissent des visiteurs plus réguliers que moi: les sansonnets occupent presque toutes les cavités jadis habitées par ces fabuleux noctambules.

Nyctale boréale

La nyctale boréale est une petite chouette au visage rond qui ne porte pas d'aigrettes. Elle ressemble à un petit-duc maculé dans sa phase roussâtre.

Petite nyctale

La petite nyctale est semblable à la nyctale boréale, bien qu'elle soit beaucoup plus petite. Elle est à peine plus grosse que le merle-bleu. Son cri rappelle le son produit par une scie que l'on aiguise avec une lime.

Elle se camoufle le jour pour se reposer de ses expéditions de chasse nocturnes. Elle a une confiance absolue dans son camouflage si bien que l'on peut s'en approcher à deux pas sans qu'elle ne s'envole. On l'aperçoit parfois dans un hangar ou à l'abri d'une haie; hélas! impossible alors d'admirer son plumage car elle refuse de s'envoler!

Attirer les oiseaux chez soi

On pense souvent à nourrir les oiseaux autour de chez soi en hiver, mais on oublie parfois un besoin essentiel de nos amis ailés: l'eau. Certains hivers sans neige, nos oiseaux hivernants souffrent plus de la soif que de la faim. Il faut penser à leur offrir de l'eau, ce qui n'est pas si simple quand toute eau gèle en quelques minutes. S'il y a de la neige, les oiseaux peuvent s'abreuver par eux-mêmes, comme les jaseurs boréals qui viennent grappiller dans les nerpruns encore garnis de fruits et qui font des pauses pour avaler des becquées de neige. La nature de nos jardins peut encore offrir quelque subsistance aux visiteurs, mais rien ne remplace ces mangeoires de survie, ces postes d'alimentation qu'il faut surveiller et entretenir plus régulièrement que lors des autres saisons.

À boire

J'ai longtemps cherché un chauffe-eau efficace pour la froide saison. J'ai essayé divers dispositifs conçus aux États-Unis, comme le B-9 de la société Farm Innovators au Kentucky; ses 40 watts n'ont pas résisté à nos gels polaires. Un autre, le Blue Devil de Nelson Manufacturing en Iowa, devait garder quatre litres d'eau à environ 7 °C grâce à ses 200 watts; or, tout le bassin gelait sauf aux abords immédiats. Et s'il neigeait, le tout était enseveli et devenait inaccessible.

Un jeune ami bricoleur, Réjean Gingras, m'a suggéré d'utiliser simplement un fond de poubelle muni de ces fils chauffants qu'on installe dans les gouttières pour empêcher la formation de glace. Mon ami Benoît Farley et moi avons pris six mètres de fil électrique que nous avons disposé en spirale sur une surface d'environ 60 centimètres de diamètre. Les cercles étaient distancés d'environ deux centimètres et tenaient en place par du fil de fer. Nous avons installé ce dispositif dans un contenant peu profond — un couvercle de poubelle —, dans lequel nous avons versé du ciment. Puis nous avons déposé cet abreuvoir dans un demi-baril surmonté d'une toiture. Doté d'une puissance de 105 watts, notre chauffe-eau garantissait une eau accessible à nos oiseaux tout l'hiver.

Voici un autre modèle, celui-là conçu par Doug Meston, un Albertain. Dans un contenant d'environ 30 centimètres cubes,

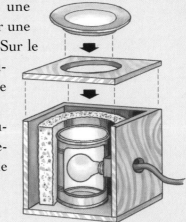

on place un gros bocal métallique sans couvercle, une boîte de jus de tomate par exemple. On y insère, par une paroi latérale, une ampoule électrique de 50 watts. Sur le dessus, on perce une ouverture d'environ 30 centimètres de diamètre, sur laquelle on posera l'assiette qui servira d'abreuvoir.

Je conseille enfin, peu importe le type d'abreuvoir, de ne pas le remplir d'eau bouillante; étrangement, l'eau bouillante ou qui vient de bouillir gèle plus rapidement que l'eau non bouillie.

Le jardin d'oiseaux

Bien que plantes et arbres semblent endormis sinon morts, les oiseaux y trouvent encore de quoi se nourrir; ainsi le jardin à l'abandon, enseveli sous la neige, figé dans la glace, pourvoit discrètement au bien-être des visiteurs qui ont l'audace de s'y aventurer, car des fruits persistent tout l'hiver aux branches roidies.

Ainsi des fruits du chèvrefeuille du Canada et de la symphorine blanche, ratatinés comme des raisins secs, qui feront les délices des hivernants frugivores. Des baies rouges du houx verticillé, convoitées par les jaseurs boréals et les dursbecs des pins. Des olives racornies de l'olivier de Bohême, des airelles du bourreau des arbres, de l'herbe à puce séchée et des fruits du rosier rugueux, tous des aliments fort appréciés des affamés. Et des fruits du pommetier et du pimbina, qui réservent de succulentes surprises aux jaseurs des cèdres et aux durs-becs des pins, respectivement. Aux jours de grande disette, les frugivores se rabattront sur les caboches des vinaigriers.

Les arbres et arbustes qui alimentent et abritent les oiseaux durant les autres saisons jouent encore un rôle important pendant les mois d'hiver. Les grands pins peuvent

Houx

Pimbina

259

Rosier rugueux

toujours servir de refuges, les haies de thuyas où s'accumule la neige accueillent mésanges, juncos, bruants, et même des petites nyctales et des petits-ducs maculés. Frênes et érables à Giguère conservent leurs fruits sur leurs branches durant presque toute la saison hivernale; les gros-becs errants et les durs-becs des pins préfèrent les disamares des érables aux samares des frênes, mais quand ils ont épuisé les premières, ils se rabattent volontiers sur les secondes: faute de pain, on mange de la galette! Les chatons du bouleau gris finissent par se disloquer en hiver et des noyaux légers s'envolent aux quatre vents quand les chardonnerets des pins et les sizerins ont dépouillé ses branches; tout ce qui se retrouve au sol sera raflé par les juncos ardoisés, les bruants chanteurs, les bruants hudsoniens et, à la fin de l'hiver, les bruants des neiges.

Nourrir judicieusement les oiseaux

L'hiver n'est quand même pas la grande bouffe dans la nature. C'est pourquoi il est si important de nourrir les oiseaux en hiver: un coup de pouce apprécié, dont plusieurs espèces vous seront reconnaissantes à jamais. Certains oiseaux qui naguère partaient pour le sud hivernent désormais pour profiter à plein des gâteries qu'offrent nos mangeoires; par exemple les tourterelles tristes, les cardinaux rouges et, occasionnellement, les bruants chanteurs.

J'ai mentionné pour l'automne le fameux «gâteau des oiseaux» (page 210). Or, la recette est bonne pour tout l'hiver. Au temps des Fêtes, j'en prépare des quantités industrielles que je conserve au réfrigérateur et que je distribue parcimonieusement — mais quand même avec une certaine générosité — au cours des semaines suivantes. Quand vraiment je veux faire plaisir à mes amis et que j'en ai les moyens, j'ajoute à mon gâteau des raisins secs et des noix

hachées. Je sers mon gâteau dans des bûchettes légères que je suspens aux extrémités des branches.

La mangeoire ci-contre est faite d'un morceau de branche de bouleau d'environ 2,5 centimètres de diamètre et de 15 centimètres de longueur. Des trous d'à peu près 4 centimètres de diamètre et de même profondeur y sont percés en différents endroits et dans différents angles. Un crochet permet de suspendre cette bûchette.

La mangeoire rapproche-oiseaux. Voici une autre mangeoire, celle-là destinée à attirer les oiseaux le plus près possible de la maison. Cette mangeoire est installée sur une corde à linge, de sorte qu'on peut la mouvoir à son gré. Au début, on envoie la mangeoire le plus loin possible de la maison. Les oiseaux affamés, mais encore farouches, viendront timidement s'y alimenter dès que la nature ne leur offrira plus la pitance à laquelle ils sont accoutumés. Graduellement, on rapproche la mangeoire de la maison. Un jour, les oiseaux pourront venir manger à la fenêtre.

Pour protéger cette mangeoire des prédateurs, les écureuils en particulier, habiles funambules, on peut fixer, de part et d'autre, des vieux disques et des bobines de fil évidées. Ces éléments mobiles déséquilibreront les intrus.

L'artisanale économique. Je suggère enfin un modèle de mangeoire assez simple, que j'ai baptisé «l'artisanale économique». Il s'agit d'une cruche en plastique d'une capacité de 3,6 litres — un contenant d'eau de Javel par exemple —, à la base de laquelle sont percées six ouvertures arquées à leur sommet. Une assiette en plastique ou en aluminium est fixée au-dessous avec de la colle à base de silicone ou à l'aide de fils de fer; le rebord de l'assiette servira de juchoir. Un cintre ou un fil de fer permet de suspendre cette mangeoire à une branche. Ce distributeur fait la joie des chardonnerets, des roselins, des sittelles et des mésanges.

Un abri pour tourterelles

Vous aimez les tourterelles tristes? Vous désirez les voir passer l'hiver chez vous? Nourrissez-les sous les mangeoires avec du maïs concassé, de l'alpiste et du millet. Les jours ensoleillés, vous les verrez tout près, posées sur une branche et recroquevillées dans leur manteau de plumes en quête de chaleur. Vous devez cependant leur offrir un refuge pour la nuit, à l'abri des prédateurs à quatre pattes. Voici deux exemples, dont le principe consiste à envelopper un peu de paille dans du treillis pour poulailler.

Un dortoir pour mésanges

Un dortoir s'impose également si vous désirez le voisinage de mésanges. Vous prenez une grande boîte en bois très épais, d'une hauteur de 60 centimètres. Cette boîte doit être hermétiquement close à l'exception d'une entrée n'excédant pas trois centimètres de diamètre, située près du plancher.

Comme la chaleur monte, vous installerez les perchoirs dans la partie supérieure. Le jour, les mésanges viendront se gaver des graines de tournesol que vous leur aurez offertes dans vos mangeoires, à la nuit tombante, elles iront s'abriter dans votre dortoir, et au lever du jour, vous les verrez sortir en procession pour venir s'alimenter et s'ébattre à nouveau autour de chez vous.

L'arbre de Noël des oiseaux

S'il est une tradition qui perdure, c'est bien celle de l'arbre de Noël. À l'extérieur comme à l'intérieur, on se plaît toujours à décorer et, surtout, à illuminer tout ce qui peut ressembler à un sapin. Je devrais dire à un arbre, car de nos jours, on va jusqu'à enguirlander les branches figées de n'importe quel feuillu dépouillé à proximité. Dans mon enfance, ce ne pouvait être bien entendu qu'un vrai sapin qu'on décorait. Et comme les décorations toutes faites n'existaient à peu près pas, ou du moins qu'on n'avait pas les moyens de se les offrir, on les fabriquait «maison» avec tout ce qui nous tombait sous la main: coquilles d'œufs, papier d'aluminium tiré de paquets de cigarettes, guirlandes découpées dans du papier d'emballage…

C'est dans cet esprit d'authentique artisanat que j'ai eu un jour l'idée de faire un «arbre de Noël des oiseaux». Il faut un sapin naturel à l'extérieur, des lumières comme on pourrait en mettre dans n'importe quel arbre de Noël et, surtout, des dizaines de mangeoires du genre de celles qui sont illustrées ci-contre, faites de petits moules en aluminium. Vous verrez alors votre arbre se parer de toutes nouvelles décorations vivantes et frétillantes: des oiseaux! Des chardon-

nerets, des roselins, des sizerins, des pics, des mésanges, des tourterelles, des geais bleus… quelle fête! Il y aura sans doute aussi quelques étourneaux, mais pas de moineaux, car ceux-ci n'aiment pas les conifères. Offrez-vous une douce folie et comme moi, vous pourrez fredonner tout l'hiver devant votre arbre de Noël des oiseaux, même s'il n'est pas illuminé, cette nostalgique chanson de ma tendre enfance:

> *Il est minuit et Jésus vient de naître*
> *Pour protéger les nids et les berceaux.*
> *Le ciel est bleu, le printemps va renaître,*
> *Noël, Noël pour les petits oiseaux!*
> *Noël, Noël pour les petits oiseaux!*

L'alimentation des oiseaux

	Millet, alpiste, maïs concassé, grainage au sol	Blé, avoine, sarrasin sous abri	Silo à chardon	Silo à colza	Silo à tournesol	Bûchettes et beurre d'arachide	Suif	Tournesol au sol	Eau sucrée	Arbres fruitiers	Maïs en épi	Omnivore	Pain	Fruits, vigne et abreuvoir
Bec-croisé à ailes blanches	O				O									
Bec-croisé rouge	O				O									
Bruant à couronne blanche	X													
Bruant à gorge blanche	X													
Bruant chanteur	XXX													
Bruant fauve	X													
Bruant hudsonien	X													
Cardinal à poitrine rose					X									
Cardinal rouge	X				O			X						
Carouge à épaulettes	X							O						
Chardonneret des pins			XXX		X									
Chardonneret jaune			XXX	O	X									
Colibri à gorge rubis					O				X					
Dur-bec des pins										X				
Étourneau sansonnet	O				X	X	X						XXX	
Geai bleu											XXX			
Geai du Canada												XXX		
Gélinotte huppée	X	XXX												
Grimpereau brun						O	O							
Gros-bec errant					XXX									
Jaseur boréal										XXX				

Espèce	1	2	3	4	5	6	7	8	9
Jaseur des cèdres	X					XXX			
Junco ardoisé	X					O			
Merle d'Amérique	X					O			
Merle-bleu à poitrine rouge	X			X	O	XXX			
Mésange à tête brune			XXX	X	X				
Mésange à tête noire			XXX	X	X				
Moineau domestique	X							XXX	
Moqueur polyglotte				XXX					
Paruline à croupion jaune									O
Perdrix grise		X							
Pic chevelu			O	X	XXX				
Pic mineur	X		O	X	XXX				
Pigeon biset	X		O					XXX	
Quiscale bronzé							O		
Roitelet à couronne dorée			X	X	XXX				
Roselin familier		XXX	X	X					
Roselin pourpré		XXX	X	X					
Sittelle à poitrine blanche			XXX	X	X				
Sittelle à poitrine rousse			XXX	X	X				
Sizerin blanchâtre	O	X	O						
Sizerin flammé	O	X	O						
Tourterelle triste	XXX								
Vacher à tête brune	XXX								

XXX **Préférence marquée**
X   **Deuxième choix**
O   **Occasionnellement**

Index des oiseaux

Entre parenthèses, le nom scientifique en latin

Alouette branle-queue — voir Chevalier branlequeue

Alouette cornue *(Eremophila alpestris)*, 23

Balbuzard *(Pandion haliaetus)*, 122

Bec bleu — voir Petit morillon

Bec-croisé à ailes blanches *(Loxia leucoptera)*, 221

Bec-croisé rouge *(Loxia curvirostra)*, 221

Bec-scie couronné *(Lophodytes cucullatus)*, 186

Bécasse d'Amérique *(Scolopax minor)*, 51

Bécasseau à poitrine cendrée *(Calidris melanotos)*, 157

Bécasseau minuscule *(Calidris minutilla)*, 157

Bécasseau roux *(Limnodromus griseus)*, 158

Bécasseau sanderling *(Calidris alba)*, 159

Bécasseau semipalmé *(Calidris pusilla)*, 160

Bécasseau variable *(Calidris alpina)*, 161

Bécassine des marais *(Gallinago gallinago)*, 52

Bernache du Canada *(Branta canadensis)*, 53

Bihoreau à couronne noire *(Nycticorax nycticorax)*, 162

Bruant à couronne blanche *(Zonotrichia leucophrys)*, 170

Bruant à gorge blanche *(Zonotrichia albicollis)*, 171

Bruant chanteur *(Melospiza melodia)*, 138

Bruant des champs *(Spizella pusilla)*, 81

Bruant des marais *(Melospiza georgiana)*, 55

Bruant des neiges *(Plectrophenax nivalis)*, 222

Bruant des prés *(Passerculus sandwichensis)*, 82

Bruant familier *(Spizella passerina)*, 106

Bruant fauve *(Passerella iliaca)*, 171

Bruant hudsonien *(Spizella arborea)*, 223

Busard Saint-Martin *(Circus cyaneus)*, 55

Buse à épaulettes *(Buteo lineatus)*, 83

Buse à queue rousse *(Buteo jamaicensis)*, 84

Buse pattue *(Buteo lagopus)*, 84

Butor d'Amérique *(Botaurus lentiginosus)*, 56

Caîlle — voir Garrot à œil d'or

Canard branchu *(Aix sponsa)*, 188

Canard chipeau *(Anas strepera)*, 189

Canard colvert *(Anas platyrhynchos)*, 190

Canard malard — voir Canard colvert

Canard noir *(Anas rubripes)*, 191

Canard pilet *(Anas acuta)*, 192

Canard roux *(Oxyura jamaicensis)*, 194

Canard siffleur d'Amérique *(Anas americana)*, 195

Canard souchet *(Anas clypeata)*, 197

Cardinal à poitrine rose *(Pheucticus ludovicianus)*, 108

Cardinal rouge *(Cardinalis cardinalis)*, 24

Carouge à épaulettes *(Agelaius phoeniceus)*, 25

Chardonneret des pins *(Carduelis pinus)*, 223

Chardonneret jaune *(Carduelis tristis)*, 86

Chevalier branlequeue *(Actitis macularia)*, 58

Chouette épervière *(Surnia ulula)*, 246

Chouette lapone *(Strix nebulosa)*, 248

Chouette rayée *(Strix varia)*, 249

Colibri à gorge rubis *(Archilochus colubris)*, 88

Cormoran à aigrettes *(Phalacrocorax auritus)*, 122

Corneille d'Amérique *(Corvus brachyrynchos)*, 26

Crécerelle d'Amérique *(Falco sparverius)*, 90

Dur-bec des pins *(Pinicola enucleator)*, 224

Eider à duvet *(Somateria mollissima)*, 164

Engoulevent bois-pourri *(Caprimulgus vociferus)*, 91

Engoulevent d'Amérique *(Chordeiles minor)*, 139

Épervier brun *(Accipiter striatus)*, 92

Épervier de Cooper *(Accipiter cooperii)*, 92

Étourneau sansonnet *(Sturnus vulgaris)*, 226

Faucon pèlerin *(Falco peregrinus)*, 140

Fou de Bassan *(Morus bassanus)*, 124

Foulque d'Amérique *(Fulica americana)*, 198

Frédéric — voir Bruant à gorge blanche

Garrot à œil d'or *(Bucephala clangula)*, 199

Geai bleu *(Cyanocitta cristata)*, 227

Geai du Canada *(Perisoreus canadensis)*, 229

Gélinotte huppée *(Bonasa umbellus)*, 172

Goéland à bec cerclé *(Larus delawarensis)*, 126

Goéland à manteau noir *(Larus marinus)*, 127

Goéland argenté *(Larus argentatus)*, 129

Goglu *(Dolichonyx oryzivorus)*, 27

Grand bec-scie *(Mergus merganser)*, 187

Grand chevalier *(Tringa melanoleuca)*, 163

Grand corbeau *(Corvus corax)*, 230

Grand héron *(Ardea herodias)*, 131

Grand pic *(Dryocopus pileatus)*, 117

Grand-duc d'Amérique *(Bubo virginianus)*, 250

Grèbe à bec bigarré *(Podilymbus podiceps)*, 201

Grèbe cornu *(Podiceps auritus)*, 201

Grèbe jougris *(Podiceps grisegena)*, 201

Grimpereau brun *(Certhia americana)*, 173

Grive à dos olive *(Catharus ustulatus)*, 109

Grive à joues grises *(Catharus minimus)*, 109

Grive des bois *(Hylocichla mustelina)*, 109

Grive fauve *(Catharus fuscescens)*, 109

Grive solitaire *(Catharus guttatus)*, 109

Gros-bec à couronne noire — voir Gros-bec errant

Gros-bec errant *(Coccothraustes vespertinus)*, 231

Guifette noire *(Chlidonias niger)*, 130

Guignette grivelée — voir Chevalier branle-queue

Harfang des neiges *(Nyctea scandiaca)*, 253

Héron garde-bœufs *(Bubulcus ibis)*, 93

Héron vert *(Butorides striatus)*, 130

Hibou des marais *(Asio flammeus)*, 59

Hirondelle à front blanc *(Hirundo pyrrhonota)*, 94

Hirondelle bicolore *(Tachycineta bicolor)*, 28

Hirondelle de mer — voir Sterne pierregarin

Hirondelle de rivage *(Riparia riparia)*, 132

Hirondelle des granges *(Hirundo rustica)*, 96

Hirondelle noire *(Progne subis)*, 97

Hirondelle rustique — voir Hirondelle des granges

Huart à collier *(Gavia immer)*, 132

Jaseur boréal *(Bombycilla garrulus)*, 232

Jaseur d'Amérique — voir Jaseur des cèdres

Jaseur des cèdres *(Bombycilla cedrorum)*, 110

Junco ardoisé *(Junco hyemalis)*, 175

Kildir — voir Pluvier kildir

Macreuse à ailes blanches *(Melanitta fusca)*, 202

Macreuse à front blanc *(Melanitta perspicillata)*, 202

Mange-maringouins — voir Engoulevent d'Amérique

Marionnette — voir Petit garrot

Martin-pêcheur *(Ceryle alcyon)*, 133

Martinet ramoneur *(Chaetura pelagica)*, 98

Merle d'Amérique *(Turdus migratorius)*, 30

Merle-bleu de l'Est *(Sialia sialis)*, 32

Mésange à tête noire *(Parus atricapillus)*, 176

Moineau domestique *(Passer domesticus)*, 141

Moqueur chat *(Dumetella carolinensis)*, 112

Moqueur polyglotte *(Mimus polyglottos)*, 113

Moqueur roux *(Toxostoma rufum)*, 115

Morillon à collier *(Aythya collaris)*, 204

Morillon à tête rouge *(Aythya americana)*, 204

Moucherolle phébi *(Sayornis phoebe)*, 40

Moucherolle tchébec *(Empidonax minimus)*, 40

Mouette de Bonaparte *(Larus philadelphia)*, 134

Nyctale boréale *(Aegolius funereus)*, 255

Oie blanche — voir Oie des neiges

Oie des neiges *(Chen caerulescens)*, 59

Oriole de Baltimore — voir Oriole du Nord

Oriole de Bullock — voir Oriole du Nord

Oriole du Nord *(Icterus galbula)*, 99

Paruline à couronne rousse *(Dendroica palmarum)*, 43

Paruline à croupion jaune *(Dendroica coronata)*, 178

Paruline à flancs marron *(Dendroica pensilvanica)*, 44

Paruline à gorge orangée *(Dendroica fusca)*, 44

Paruline bleue à gorge noire *(Dendroica caerulescens)*, 45

Paruline du Canada *(Wilsonia canadensis)*, 45

Paruline flamboyante *(Setophaga ruticilla)*, 45

Paruline jaune *(Dendroica petechia)*, 46

Paruline masquée (*Geothlypis trichas*), 46

Paruline verte à gorge noire (*Dendroica virens*), 46

Passerin indigo (*Passerina cyanea*), 100

Perdrix — voir Gélinotte huppée

Perdrix grise (*Perdix perdix*), 233

Perdrix hongroise — voir Perdrix grise

Petit chevalier (*Tringa flavipes*), 164

Petit garrot (*Bucephala albeola*), 200

Petit morillon (*Aythya affinis*), 203

Petit-duc maculé (*Otus asio*), 254

Petite buse (*Buteo platypterus*), 83

Petite nyctale (*Aegolius acadicus*), 255

Phalarope de Wilson (*Phalaropus tricolor*), 60

Pic à dos noir (*Picoides arcticus*), 116

Pic à huppe écarlate — voir Grand pic

Pic chevelu (*Picoides villosus*), 234

Pic flamboyant (*Colaptes auratus*), 102

Pic maculé (*Sphyrapicus varius*), 116

Pic mineur (*Picoides pubescens*), 235

Pie-grièche grise (*Lanius excubitor*), 236

Pigeon biset (*Columba livia*), 237

Pioui de l'Est (*Contopus virens*), 47

Pluvier argenté (*Pluvialis squatarola*), 166

Pluvier doré d'Amérique (*Pluvialis dominica*), 166

Pluvier kildir (*Charadrius vociferus*), 34

Pluvier semipalmé (*Charadrius semipalmatus*), 61

Pygargue à tête blanche (*Haliaetus leucocephalus*), 238

Quiscale bronzé (*Quiscalus quiscula*), 35

Râle de Virginie (*Rallus limicola*), 205

Roitelet à couronne rubis (*Regulus calendula*), 179

Roselin familier (*Carpodacus mexicanus*), 239

Roselin pourpré (*Carpodacus purpureus*), 240

Sarcelle à ailes bleues (*Anas discors*), 206

Sarcelle à ailes vertes (*Anas crecca*), 207

Sarcelle rameuse — voir Canard souchet

Sittelle à poitrine blanche (*Sitta carolinensis*), 180

Sittelle à poitrine rousse (*Sitta canadensis*), 183

Sizerin flammé (*Carduelis flammea*), 242

Soulciet — voir Bruant hudsonien

Sterne noire — voir Guifette noire

Sterne pierregarin (*Sterna hirundo*), 135

Sturnelle des prés (*Sturnella magna*), 36

Tangara écarlate (*Piranga olivacea*), 118

Tournepierre à collier (*Arenaria interpres*), 167

Tourterelle triste (*Zenaida macroura*), 243

Troglodyte des marais (*Cistothorus palustris*), 61

Tyran huppé (*Myiarchus crinitus*), 48

Tyran tritri (*Tyrannus tyrannus*), 49

Urubu à tête rouge (*Cathartes aura*), 103

Vacher à tête brune (*Molothrus ater*), 36

Viréo aux yeux rouges (*Vireo olivaceus*), 119

Index des végétaux

Alisier, 64, 209
Amélanchier, 65, 79
Aubépine, 65, 209
Bois d'orignal, 64, 79
Bouleau gris, 260
Bourreau des arbres, 259
Cerisier à grappes, 79, 145
Cerisier de Virginie, 145
Cerisier des sables, 145
Cerisier tardif, 145, 209
Chêne, 155
Chèvrefeuille d'Eurasie, 144
Chèvrefeuille de Tartarie, 144
Chèvrefeuille du Canada, 144, 259
Chèvrefeuille grimpant, 210
Cœur-saignant, 65

Cormier, 209
Cornouiller du Canada, 65, 209
Cornouiller rugueux, 65
Cornouiller stolonifère, 65
Cosmos, 210
Érable à Giguère, 260
Frêne, 260
Genévrier, 210
Hart rouge, 65
Herbe à puce, 259
Hêtre, 155
Houx verticillé, 259
Lierre, 210
Olivier de Bohème, 259
Petit merisier, 79, 144
Pimbina, 64, 259
Pin, 259

Pommetier, 259
Quatre-temps, 65
Raisin d'ours, 210
Rosier rugueux, 259
Sureau blanc, 145
Sureau doré, 145
Sureau rouge, 79, 144, 145
Symphorine blanche, 259
Thé des bois, 210
Thuya, 260
Tournesol, 210
Vigne sauvage, 210
Vinaigrier, 259
Viorne à feuilles d'aulne, 64
Viorne à feuilles d'érable, 64
Viorne de Rafinesque, 64
Viorne trilobée, 64

Index — mangeoires, nichoirs, abreuvoirs et dortoirs

Abreuvoirs d'hiver, 258-259
Abri d'hiver pour tourterelles, 263
Abri de fortune, 215
Abri pour martinets ramoneurs, 151
Anti-écureuil (mangeoire ou nichoir), 211
Arbre aux arachides (mangeoire), 146
Arbre de Noël des oiseaux, 264
Baignoire, 145
Bûchette suspendue (mangeoire), 261
Dortoir pour mésanges, 263
Dortoirs rustiques, 215
Empale-épis (mangeoire), 211
Entrée grillagée (nichoir protégé), 71
Fausse cheminée pour martinets ramoneurs, 151
Gâteau des oiseaux, 210

Jardinière pour colibris, 147
Mangeoire artisanale économique, 262
Mangeoire du pourvoyeur fantôme, 212
Mangeoire pour chardonnerets jaunes, 147
Mangeoire rapproche-oiseaux, 261
Mangeoire révolutionnaire pour oiseaux percheurs, 146
Mangeoires simples, 72
Nichoir à ventouses pour bicolores, 149
Nichoir pour merles-bleus, 70
Nichoir pour pics flamboyants, 149
Nichoir pour tourterelles, 148
Parapluie (nichoir protégé), 71
Pendule pour bicolores (nichoir protégé), 150
Temple grec (mangeoire protégée), 74

Table des matières

Les pays des oiseaux 9

Le printemps 17
   Retour de migration 23
   Balade dans la nature 39
   Dans les marais 51
   Attirer les oiseaux chez soi 63

L'été 77
   Champs d'oiseaux 81
   Au fond des bois 105
   Au bord de l'eau 121
   À Balconville 137
   Attirer les oiseaux chez soi 143

L'automne 153
   Dernières vacances à la mer 157
   Promenade dans la forêt colorée 169
   Le temps d'une chasse 185
   Attirer les oiseaux chez soi 209

L'hiver 217
   Sortie en raquettes 221
   Hiboux au clair de lune 245
   Attirer les oiseaux chez soi 257

L'alimentation des oiseaux 267
Index des oiseaux 271
Index des végétaux 275
Index — mangeoires, nichoirs, abreuvoirs et dortoirs 275

Ce livre a été produit grâce au système d'imagerie au laser des Éditions de l'Homme, lequel comprend:

- Un digitaliseur Scitex Smart TM 720 et un poste de retouche de couleurs Scitex Rightouch™;
- Les produits Kodak;
- Les ordinateurs Apple inc.;
- Le système de gestion et d'impression des photos avec le logiciel Color Central® de Compumation inc.;
- Le processeur d'images RIP 50 PL2 combiné avec la nouvelle technologie Lino Dot® et Lino Pipeline® de Linotype-Hell®.